# 民事诉讼法

## 学习笔记版

Civil Procedure Law Notes

法律出版社
LAW PRESS · CHINA
北京

# 总　　目

## 中华人民共和国民事诉讼法

### 第一编　总　则（第1～121条）



### 第二编　审判程序（第122～234条）

## 第三编　执行程序(第 235～269 条)



## 第四编　涉外民事诉讼程序的特别规定(第 270～306 条)

# 中华人民共和国民事诉讼法

(1991 年 4 月 9 日第七届全国人民代表大会第四次会议通过　根据 2007 年 10 月 28 日第十届全国人民代表大会常务委员会第三十次会议《关于修改〈中华人民共和国民事诉讼法〉的决定》第一次修正　根据 2012 年 8 月 31 日第十一届全国人民代表大会常务委员会第二十八次会议《关于修改〈中华人民共和国民事诉讼法〉的决定》第二次修正　根据 2017 年 6 月 27 日第十二届全国人民代表大会常务委员会第二十八次会议《关于修改〈中华人民共和国民事诉讼法〉和〈中华人民共和国行政诉讼法〉的决定》第三次修正　根据 2021 年 12 月 24 日第十三届全国人民代表大会常务委员会第三十二次会议《关于修改〈中华人民共和国民事诉讼法〉的决定》第四次修正　根据 2023 年 9 月 1 日第十四届全国人民代表大会常务委员会第五次会议《关于修改〈中华人民共和国民事诉讼法〉的决定》第五次修正)

# 目　　录

# 第一编　总　　则

## 第一章　任务、适用范围和基本原则

**第 1 条**

立法依据

中华人民共和国民事诉讼法以宪法为根据，结合我国民事审判工作的经验和实际情况制定。

**第 2 条**

民事诉讼法的任务

中华人民共和国民事诉讼法的任务，是保护当事人行使诉讼权利，保证人民法院查明事实，分清是非，正确适用法律，及时审理民事案件，确认民事权利义务关系，制裁民事违法行为，保护当事人的合法权益，教育公民自觉遵守法律，维护社会秩序、经济秩序，保障社会主义建设事业顺利进行。

**第 3 条**

适用范围

人民法院受理公民之间、法人之间、其他组织之间以及他们相互之间因财产关系和人身关系提起的民事诉讼，适用本法的规定。

**第 4 条**

空间效力

凡在中华人民共和国领域内进行民事诉讼，必须遵守本法。

### 第 5 条

**涉外民诉同等原则、对等原则**

外国人、无国籍人、外国企业和组织在人民法院起诉、应诉，同中华人民共和国公民、法人和其他组织有同等的诉讼权利义务。

外国法院对中华人民共和国公民、法人和其他组织的民事诉讼权利加以限制的，中华人民共和国人民法院对该国公民、企业和组织的民事诉讼权利，实行对等原则。

### 第 6 条

**审判权**

民事案件的审判权由人民法院行使。

人民法院依照法律规定对民事案件独立进行审判，不受行政机关、社会团体和个人的干涉。

### 第 7 条

**审理原则**

人民法院审理民事案件，必须以事实为根据，以法律为准绳。

### 第 8 条

**诉讼权利平等原则**

民事诉讼当事人有平等的诉讼权利。人民法院审理民事案件，应当保障和便利当事人行使诉讼权利，对当事人在适用法律上一律平等。

### 第 9 条

**调解原则**

人民法院审理民事案件，应当根据自愿和合法的原则进行调解；调解不成的，应当及时判决。

**第 10 条**

审判制度

人民法院审理民事案件，依照法律规定实行合议、回避、公开审判和两审终审制度。

**第 11 条**

诉讼的语言文字

各民族公民都有用本民族语言、文字进行民事诉讼的权利。

在少数民族聚居或者多民族共同居住的地区，人民法院应当用当地民族通用的语言、文字进行审理和发布法律文书。

人民法院应当对不通晓当地民族通用的语言、文字的诉讼参与人提供翻译。

**第 12 条**

辩论权

人民法院审理民事案件时，当事人有权进行辩论。

**第 13 条**

诚信原则

民事诉讼应当遵循诚信原则。

当事人处分原则

当事人有权在法律规定的范围内处分自己的民事权利和诉讼权利。

**第 14 条**

法律监督

人民检察院有权对民事诉讼实行法律监督。

**第 15 条**

支持起诉

机关、社会团体、企业事业单位对损害国家、集体或者个人民事权益的行为，可以支持受损害的单位或者个人向人民法院起诉。

**第 16 条**

在线诉讼及其法律效力

经当事人同意，民事诉讼活动可以通过信息网络平台在线进行。

民事诉讼活动通过信息网络平台在线进行的，与线下诉讼活动具有同等法律效力。

**第 17 条**

变通规定

民族自治地方的人民代表大会根据宪法和本法的原则，结合当地民族的具体情况，可以制定变通或者补充的规定。自治区的规定，报全国人民代表大会常务委员会批准。自治州、自治县的规定，报省或者自治区的人民代表大会常务委员会批准，并报全国人民代表大会常务委员会备案。

## 第二章　管　　辖

### 第一节　级 别 管 辖

**第 18 条**

基层法院管辖

基层人民法院管辖第一审民事案件，但本法另有规定的除外。

**第 19 条**

中级法院管辖

中级人民法院管辖下列第一审民事案件：

（一）重大涉外案件；

（二）在本辖区有重大影响的案件；

（三）最高人民法院确定由中级人民法院管辖的案件。

**第 20 条**

高级法院管辖　　高级人民法院管辖在本辖区有重大影响的第一审民事案件。

**第 21 条**

最高法院管辖　　最高人民法院管辖下列第一审民事案件：

（一）在全国有重大影响的案件；

（二）认为应当由本院审理的案件。

## 第二节　地域管辖

**第 22 条**

一般地域管辖　　对公民提起的民事诉讼，由被告住所地人民法院管辖；被告住所地与经常居住地不一致的，由经常居住地人民法院管辖。

对法人或者其他组织提起的民事诉讼，由被告住所地人民法院管辖。

同一诉讼的几个被告住所地、经常居住地在两个以上人民法院辖区的，各该人民法院都有管辖权。

**第 23 条**

一般地域管辖的特别规定　　下列民事诉讼，由原告住所地人民法院管辖；原告住所地与经常居住地不一致的，由原告经常居住地人民法院管辖：

（一）对不在中华人民共和国领域内居住的人提起的有关身份关系的诉讼；

（二）对下落不明或者宣告失踪的人提起的有关身份关系的诉讼；

（三）对被采取强制性教育措施的人提起的诉讼；

（四）对被监禁的人提起的诉讼。

**第 24 条**

**合同纠纷管辖**

因合同纠纷提起的诉讼，由被告住所地或者合同履行地人民法院管辖。

**第 25 条**

**保险合同纠纷管辖**

因保险合同纠纷提起的诉讼，由被告住所地或者保险标的物所在地人民法院管辖。

**第 26 条**

**票据纠纷管辖**

因票据纠纷提起的诉讼，由票据支付地或者被告住所地人民法院管辖。

**第 27 条**

**公司诉讼管辖**

因公司设立、确认股东资格、分配利润、解散等纠纷提起的诉讼，由公司住所地人民法院管辖。

**第 28 条**

**运输合同纠纷管辖**

因铁路、公路、水上、航空运输和联合运输合同纠纷提起的诉讼，由运输始发地、目的地或者被告住所地人民法院管辖。

**第 29 条**

**侵权纠纷管辖**

因侵权行为提起的诉讼，由侵权行为地或者被告住所地人民法院管辖。

第 30 条

交通事故管辖

因铁路、公路、水上和航空事故请求损害赔偿提起的诉讼，由事故发生地或者车辆、船舶最先到达地、航空器最先降落地或者被告住所地人民法院管辖。

第 31 条

海损事故管辖

因船舶碰撞或者其他海事损害事故请求损害赔偿提起的诉讼，由碰撞发生地、碰撞船舶最先到达地、加害船舶被扣留地或者被告住所地人民法院管辖。

第 32 条

海难救助费用管辖

因海难救助费用提起的诉讼，由救助地或者被救助船舶最先到达地人民法院管辖。

第 33 条

共同海损管辖

因共同海损提起的诉讼，由船舶最先到达地、共同海损理算地或者航程终止地的人民法院管辖。

第 34 条

专属管辖

下列案件，由本条规定的人民法院专属管辖：

（一）因不动产纠纷提起的诉讼，由不动产所在地人民法院管辖；

（二）因港口作业中发生纠纷提起的诉讼，由港口所在地人民法院管辖；

（三）因继承遗产纠纷提起的诉讼，由被继承人死亡时住所地或者主要遗产所在地人民法院管辖。

**第35条**

协议管辖

合同或者其他财产权益纠纷的当事人可以书面协议选择被告住所地、合同履行地、合同签订地、原告住所地、标的物所在地等与争议有实际联系的地点的人民法院管辖，但不得违反本法对级别管辖和专属管辖的规定。

**第36条**

共同管辖

两个以上人民法院都有管辖权的诉讼，原告可以向其中一个人民法院起诉；原告向两个以上有管辖权的人民法院起诉的，由最先立案的人民法院管辖。

## 第三节　移送管辖和指定管辖

**第37条**

移送管辖

人民法院发现受理的案件不属于本院管辖的，应当移送有管辖权的人民法院，受移送的人民法院应当受理。受移送的人民法院认为受移送的案件依照规定不属于本院管辖的，应当报请上级人民法院指定管辖，不得再自行移送。

**第38条**

指定管辖

有管辖权的人民法院由于特殊原因，不能行使管辖权的，由上级人民法院指定管辖。

人民法院之间因管辖权发生争议，由争议双方协商解决；协商解决不了的，报请它们的共同上级人民法院指定管辖。

第 39 条

管辖权转移

上级人民法院有权审理下级人民法院管辖的第一审民事案件；确有必要将本院管辖的第一审民事案件交下级人民法院审理的，应当报请其上级人民法院批准。

下级人民法院对它所管辖的第一审民事案件，认为需要由上级人民法院审理的，可以报请上级人民法院审理。

## 第三章　审判组织

第 40 条

一审审判组织

人民法院审理第一审民事案件，由审判员、人民陪审员共同组成合议庭或者由审判员组成合议庭。合议庭的成员人数，必须是单数。

适用简易程序审理的民事案件，由审判员一人独任审理。基层人民法院审理的基本事实清楚、权利义务关系明确的第一审民事案件，可以由审判员一人适用普通程序独任审理。

人民陪审员在参加审判活动时，除法律另有规定外，与审判员有同等的权利义务。

**第 41 条**

二审、重审、再审审判组织

人民法院审理第二审民事案件，由审判员组成合议庭。合议庭的成员人数，必须是单数。

中级人民法院对第一审适用简易程序审结或者不服裁定提起上诉的第二审民事案件，事实清楚、权利义务关系明确的，经双方当事人同意，可以由审判员一人独任审理。

发回重审的案件，原审人民法院应当按照第一审程序另行组成合议庭。

审理再审案件，原来是第一审的，按照第一审程序另行组成合议庭；原来是第二审的或者是上级人民法院提审的，按照第二审程序另行组成合议庭。

**第 42 条**

不得独任审理的案件

人民法院审理下列民事案件，不得由审判员一人独任审理：

（一）涉及国家利益、社会公共利益的案件；

（二）涉及群体性纠纷，可能影响社会稳定的案件；

（三）人民群众广泛关注或者其他社会影响较大的案件；

（四）属于新类型或者疑难复杂的案件；

（五）法律规定应当组成合议庭审理的案件；

（六）其他不宜由审判员一人独任审理的案件。

**第 43 条**

独任审理转合议庭审理

人民法院在审理过程中，发现案件不宜由审判员一人独任审理的，应当裁定转由合议庭审理。

当事人认为案件由审判员一人独任审理违反法律规定的，可以向人民法院提出异议。人民法院对当事人提出的异议应当审查，异议成立的，裁定转由合议庭审理；异议不成立的，裁定驳回。

**第 44 条**

审判长

合议庭的审判长由院长或者庭长指定审判员一人担任；院长或者庭长参加审判的，由院长或者庭长担任。

**第 45 条**

合议庭评议

合议庭评议案件，实行少数服从多数的原则。评议应当制作笔录，由合议庭成员签名。评议中的不同意见，必须如实记入笔录。

**第 46 条**

依法办案

审判人员应当依法秉公办案。

审判人员不得接受当事人及其诉讼代理人请客送礼。

审判人员有贪污受贿，徇私舞弊，枉法裁判行为的，应当追究法律责任；构成犯罪的，依法追究刑事责任。

## 第四章　回　　避

### 第 47 条

回避情形

审判人员有下列情形之一的，应当自行回避，当事人有权用口头或者书面方式申请他们回避：

（一）是本案当事人或者当事人、诉讼代理人近亲属的；

（二）与本案有利害关系的；

（三）与本案当事人、诉讼代理人有其他关系，可能影响对案件公正审理的。

审判人员接受当事人、诉讼代理人请客送礼，或者违反规定会见当事人、诉讼代理人的，当事人有权要求他们回避。

审判人员有前款规定的行为的，应当依法追究法律责任。

前三款规定，适用于法官助理、书记员、司法技术人员、翻译人员、鉴定人、勘验人。

### 第 48 条

回避申请的提出

当事人提出回避申请，应当说明理由，在案件开始审理时提出；回避事由在案件开始审理后知道的，也可以在法庭辩论终结前提出。

被申请回避的人员在人民法院作出是否回避的决定前，应当暂停参与本案的工作，但案件需要采取紧急措施的除外。

**第 49 条**

回避决定权人

院长担任审判长或者独任审判员时的回避，由审判委员会决定；审判人员的回避，由院长决定；其他人员的回避，由审判长或者独任审判员决定。

**第 50 条**

回避申请决定程序

人民法院对当事人提出的回避申请，应当在申请提出的三日内，以口头或者书面形式作出决定。申请人对决定不服的，可以在接到决定时申请复议一次。复议期间，被申请回避的人员，不停止参与本案的工作。人民法院对复议申请，应当在三日内作出复议决定，并通知复议申请人。

## 第五章　诉讼参加人

### 第一节　当　事　人

**第 51 条**

诉讼当事人

公民、法人和其他组织可以作为民事诉讼的当事人。

法人由其法定代表人进行诉讼。其他组织由其主要负责人进行诉讼。

**第 52 条**

诉讼权利义务

当事人有权委托代理人，提出回避申请，收集、提供证据，进行辩论，请求调解，提起上诉，申请执行。

当事人可以查阅本案有关材料，并

可以复制本案有关材料和法律文书。查阅、复制本案有关材料的范围和办法由最高人民法院规定。

当事人必须依法行使诉讼权利，遵守诉讼秩序，履行发生法律效力的判决书、裁定书和调解书。

**第 53 条**

和解

双方当事人可以自行和解。

**第 54 条**

诉讼请求、反诉

原告可以放弃或者变更诉讼请求。被告可以承认或者反驳诉讼请求，有权提起反诉。

**第 55 条**

共同诉讼

当事人一方或者双方为二人以上，其诉讼标的是共同的，或者诉讼标的是同一种类、人民法院认为可以合并审理并经当事人同意的，为共同诉讼。

共同诉讼的一方当事人对诉讼标的有共同权利义务的，其中一人的诉讼行为经其他共同诉讼人承认，对其他共同诉讼人发生效力；对诉讼标的没有共同权利义务的，其中一人的诉讼行为对其他共同诉讼人不发生效力。

**第 56 条**

人数确定的代表人诉讼

当事人一方人数众多的共同诉讼，可以由当事人推选代表人进行诉讼。代表人的诉讼行为对其所代表的当事人发生效力，但代表人变更、放弃诉讼请求或者承认对方当事人的诉讼请求，进行和解，必须经被代表的当事人同意。

**第 57 条**

人数不确定的代表人诉讼

诉讼标的是同一种类、当事人一方人数众多在起诉时人数尚未确定的，人民法院可以发出公告，说明案件情况和诉讼请求，通知权利人在一定期间向人民法院登记。

向人民法院登记的权利人可以推选代表人进行诉讼；推选不出代表人的，人民法院可以与参加登记的权利人商定代表人。

代表人的诉讼行为对其所代表的当事人发生效力，但代表人变更、放弃诉讼请求或者承认对方当事人的诉讼请求，进行和解，必须经被代表的当事人同意。

人民法院作出的判决、裁定，对参加登记的全体权利人发生效力。未参加登记的权利人在诉讼时效期间提起诉讼的，适用该判决、裁定。

**第 58 条**

公益诉讼

对污染环境、侵害众多消费者合法权益等损害社会公共利益的行为，法律规定的机关和有关组织可以向人民法院提起诉讼。

人民检察院在履行职责中发现破坏生态环境和资源保护、食品药品安全领域侵害众多消费者合法权益等损害社会公共利益的行为，在没有前款规定的机关和组织或者前款规定的机关和组织不提起诉讼的情况下，可以向人民法院提起诉讼。前款规定的机关或者组织提起诉讼的，人民检察院可以支持起诉。

**第 59 条**

诉讼第三人

对当事人双方的诉讼标的，第三人认为有独立请求权的，有权提起诉讼。

对当事人双方的诉讼标的，第三人虽然没有独立请求权，但案件处理结果同他有法律上的利害关系的，可以申请参加诉讼，或者由人民法院通知他参加诉讼。人民法院判决承担民事责任的第三人，有当事人的诉讼权利义务。

第三人撤销之诉

前两款规定的第三人，因不能归责于本人的事由未参加诉讼，但有证据证明发生法律效力的判决、裁定、调解书的部分或者全部内容错误，损害其民事权益的，可以自知道或者应当知道其民事权益受到损害之日起六个月内，向作出该判决、裁定、调解书的人民法院提起诉讼。人民法院经审理，诉讼请求成立的，应当改变或者撤销原判决、裁定、调解书；诉讼请求不成立的，驳回诉讼请求。

## 第二节　诉讼代理人

**第 60 条**

法定代理人

无诉讼行为能力人由他的监护人作

为法定代理人代为诉讼。法定代理人之间互相推诿代理责任的，由人民法院指定其中一人代为诉讼。

**第 61 条**

委托代理人

当事人、法定代理人可以委托一至二人作为诉讼代理人。

下列人员可以被委托为诉讼代理人：

（一）律师、基层法律服务工作者；

（二）当事人的近亲属或者工作人员；

（三）当事人所在社区、单位以及有关社会团体推荐的公民。

**第 62 条**

委托程序

委托他人代为诉讼，必须向人民法院提交由委托人签名或者盖章的授权委托书。

授权委托书必须记明委托事项和权限。诉讼代理人代为承认、放弃、变更诉讼请求，进行和解，提起反诉或者上诉，必须有委托人的特别授权。

侨居在国外的中华人民共和国公民从国外寄交或者托交的授权委托书，必须经中华人民共和国驻该国的使领馆证明；没有使领馆的，由与中华人民共和国有外交关系的第三国驻该国的使领馆证明，再转由中华人民共和国驻该第三国使领馆证明，或者由当地的爱国华侨团体证明。

### 第 63 条

代理权变更、解除

诉讼代理人的权限如果变更或者解除，当事人应当书面告知人民法院，并由人民法院通知对方当事人。

### 第 64 条

诉讼代理人的权利

代理诉讼的律师和其他诉讼代理人有权调查收集证据，可以查阅本案有关材料。查阅本案有关材料的范围和办法由最高人民法院规定。

### 第 65 条

离婚诉讼代理

离婚案件有诉讼代理人的，本人除不能表达意思的以外，仍应出庭；确因特殊情况无法出庭的，必须向人民法院提交书面意见。

## 第六章　证　　据

### 第 66 条

证据的种类

证据包括：
(一)当事人的陈述；
(二)书证；
(三)物证；
(四)视听资料；
(五)电子数据；
(六)证人证言；
(七)鉴定意见；
(八)勘验笔录。

证据必须查证属实，才能作为认定事实的根据。

第 67 条

举证责任

当事人对自己提出的主张，有责任提供证据。

当事人及其诉讼代理人因客观原因不能自行收集的证据，或者人民法院认为审理案件需要的证据，人民法院应当调查收集。

人民法院应当按照法定程序，全面地、客观地审查核实证据。

第 68 条

证据的提供及其期限

当事人对自己提出的主张应当及时提供证据。

人民法院根据当事人的主张和案件审理情况，确定当事人应当提供的证据及其期限。当事人在该期限内提供证据确有困难的，可以向人民法院申请延长期限，人民法院根据当事人的申请适当延长。当事人逾期提供证据的，人民法院应当责令其说明理由；拒不说明理由或者理由不成立的，人民法院根据不同情形可以不予采纳该证据，或者采纳该证据但予以训诫、罚款。

第 69 条

出具证据收据

人民法院收到当事人提交的证据材料，应当出具收据，写明证据名称、页数、份数、原件或者复印件以及收到时间等，并由经办人员签名或者盖章。

**第 70 条**

人民法院调查取证

人民法院有权向有关单位和个人调查取证,有关单位和个人不得拒绝。

人民法院对有关单位和个人提出的证明文书,应当辨别真伪,审查确定其效力。

**第 71 条**

法庭质证

证据应当在法庭上出示,并由当事人互相质证。对涉及国家秘密、商业秘密和个人隐私的证据应当保密,需要在法庭出示的,不得在公开开庭时出示。

**第 72 条**

公证证据的效力

经过法定程序公证证明的法律事实和文书,人民法院应当作为认定事实的根据,但有相反证据足以推翻公证证明的除外。

**第 73 条**

书证、物证

书证应当提交原件。物证应当提交原物。提交原件或者原物确有困难的,可以提交复制品、照片、副本、节录本。

提交外文书证,必须附有中文译本。

**第 74 条**

视听资料

人民法院对视听资料,应当辨别真伪,并结合本案的其他证据,审查确定能否作为认定事实的根据。

**第 75 条**

证人义务、资格

凡是知道案件情况的单位和个人,

都有义务出庭作证。有关单位的负责人应当支持证人作证。

不能正确表达意思的人，不能作证。

**第 76 条**

**证人出庭作证**

经人民法院通知，证人应当出庭作证。有下列情形之一的，经人民法院许可，可以通过书面证言、视听传输技术或者视听资料等方式作证：

（一）因健康原因不能出庭的；

（二）因路途遥远，交通不便不能出庭的；

（三）因自然灾害等不可抗力不能出庭的；

（四）其他有正当理由不能出庭的。

**第 77 条**

**证人出庭费用负担**

证人因履行出庭作证义务而支出的交通、住宿、就餐等必要费用以及误工损失，由败诉一方当事人负担。当事人申请证人作证的，由该当事人先行垫付；当事人没有申请，人民法院通知证人作证的，由人民法院先行垫付。

**第 78 条**

**当事人陈述**

人民法院对当事人的陈述，应当结合本案的其他证据，审查确定能否作为认定事实的根据。

当事人拒绝陈述的，不影响人民法院根据证据认定案件事实。

**第 79 条**

**当事人申请鉴定**

当事人可以就查明事实的专门性问题向人民法院申请鉴定。当事人申请鉴定的，由双方当事人协商确定具备资格的鉴定人；协商不成的，由人民法院指定。

**人民法院委托鉴定**

当事人未申请鉴定，人民法院对专门性问题认为需要鉴定的，应当委托具备资格的鉴定人进行鉴定。

**第 80 条**

**鉴定人权利义务**

鉴定人有权了解进行鉴定所需要的案件材料，必要时可以询问当事人、证人。

鉴定人应当提出书面鉴定意见，在鉴定书上签名或者盖章。

**第 81 条**

**鉴定人出庭作证**

当事人对鉴定意见有异议或者人民法院认为鉴定人有必要出庭的，鉴定人应当出庭作证。经人民法院通知，鉴定人拒不出庭作证的，鉴定意见不得作为认定事实的根据；支付鉴定费用的当事人可以要求返还鉴定费用。

**第 82 条**

**有专门知识的人出庭**

当事人可以申请人民法院通知有专门知识的人出庭，就鉴定人作出的鉴定意见或者专业问题提出意见。

**第 83 条**

**勘验笔录**

勘验物证或者现场，勘验人必须出示人民法院的证件，并邀请当地基层组织或者当事人所在单位派人参加。当事人或者当事人的成年家属应当到场，拒不到场的，不影响勘验的进行。

有关单位和个人根据人民法院的通知，有义务保护现场，协助勘验工作。

勘验人应当将勘验情况和结果制作笔录，由勘验人、当事人和被邀参加人签名或者盖章。

**第 84 条**

证据保全

在证据可能灭失或者以后难以取得的情况下，当事人可以在诉讼过程中向人民法院申请保全证据，人民法院也可以主动采取保全措施。

因情况紧急，在证据可能灭失或者以后难以取得的情况下，利害关系人可以在提起诉讼或者申请仲裁前向证据所在地、被申请人住所地或者对案件有管辖权的人民法院申请保全证据。

证据保全的其他程序，参照适用本法第九章保全的有关规定。

## 第七章　期间、送达

### 第一节　期　　间

**第 85 条**

期间种类

期间包括法定期间和人民法院指定的期间。

期间计算

期间以时、日、月、年计算。期间开

始的时和日，不计算在期间内。

期间届满的最后一日是法定休假日的，以法定休假日后的第一日为期间届满的日期。

期间不包括在途时间，诉讼文书在期满前交邮的，不算过期。

**第 86 条**

期间顺延

当事人因不可抗拒的事由或者其他正当理由耽误期限的，在障碍消除后的十日内，可以申请顺延期限，是否准许，由人民法院决定。

## 第二节　送　　达

**第 87 条**

送达回证

送达诉讼文书必须有送达回证，由受送达人在送达回证上记明收到日期，签名或者盖章。

受送达人在送达回证上的签收日期为送达日期。

**第 88 条**

直接送达

送达诉讼文书，应当直接送交受送达人。受送达人是公民的，本人不在交他的同住成年家属签收；受送达人是法人或者其他组织的，应当由法人的法定代表人、其他组织的主要负责人或者该法人、组织负责收件的人签收；受送达人有诉讼代理人的，可以送交其代理人签收；受送达人已向人民法院指定代收人的，送交代收人签收。

受送达人的同住成年家属，法人或者其他组织的负责收件的人，诉讼代理人或者代收人在送达回证上签收的日期为送达日期。

第89条

留置送达

受送达人或者他的同住成年家属拒绝接收诉讼文书的，送达人可以邀请有关基层组织或者所在单位的代表到场，说明情况，在送达回证上记明拒收事由和日期，由送达人、见证人签名或者盖章，把诉讼文书留在受送达人的住所；也可以把诉讼文书留在受送达人的住所，并采用拍照、录像等方式记录送达过程，即视为送达。

第90条

简易送达

经受送达人同意，人民法院可以采用能够确认其收悉的电子方式送达诉讼文书。通过电子方式送达的判决书、裁定书、调解书，受送达人提出需要纸质文书的，人民法院应当提供。

采用前款方式送达的，以送达信息到达受送达人特定系统的日期为送达日期。

第91条

委托送达、邮寄送达

直接送达诉讼文书有困难的，可以委托其他人民法院代为送达，或者邮寄送达。邮寄送达的，以回执上注明的收件日期为送达日期。

第 92 条

转交送达之一　受送达人是军人的，通过其所在部队团以上单位的政治机关转交。

第 93 条

转交送达之二　受送达人被监禁的，通过其所在监所转交。

受送达人被采取强制性教育措施的，通过其所在强制性教育机构转交。

第 94 条

转交送达日期　代为转交的机关、单位收到诉讼文书后，必须立即交受送达人签收，以在送达回证上的签收日期，为送达日期。

第 95 条

公告送达　受送达人下落不明，或者用本节规定的其他方式无法送达的，公告送达。自发出公告之日起，经过三十日，即视为送达。

公告送达，应当在案卷中记明原因和经过。

## 第八章　调　　解

第 96 条

调解原则　人民法院审理民事案件，根据当事人自愿的原则，在事实清楚的基础上，分清是非，进行调解。

**第 97 条**

调解组织形式

人民法院进行调解，可以由审判员一人主持，也可以由合议庭主持，并尽可能就地进行。

人民法院进行调解，可以用简便方式通知当事人、证人到庭。

**第 98 条**

协助调解

人民法院进行调解，可以邀请有关单位和个人协助。被邀请的单位和个人，应当协助人民法院进行调解。

**第 99 条**

调解协议

调解达成协议，必须双方自愿，不得强迫。调解协议的内容不得违反法律规定。

**第 100 条**

调解书

调解达成协议，人民法院应当制作调解书。调解书应当写明诉讼请求、案件的事实和调解结果。

调解书由审判人员、书记员署名，加盖人民法院印章，送达双方当事人。

调解书经双方当事人签收后，即具有法律效力。

**第 101 条**

不制作调解书的情形

下列案件调解达成协议，人民法院可以不制作调解书：

（一）调解和好的离婚案件；

（二）调解维持收养关系的案件；

（三）能够即时履行的案件；

（四）其他不需要制作调解书的案件。

对不需要制作调解书的协议，应当记入笔录，由双方当事人、审判人员、书记员签名或者盖章后，即具有法律效力。

第102条

调解失败

调解未达成协议或者调解书送达前一方反悔的，人民法院应当及时判决。

## 第九章 保全和先予执行

第103条

诉中保全

人民法院对于可能因当事人一方的行为或者其他原因，使判决难以执行或者造成当事人其他损害的案件，根据对方当事人的申请，可以裁定对其财产进行保全、责令其作出一定行为或者禁止其作出一定行为；当事人没有提出申请的，人民法院在必要时也可以裁定采取保全措施。

人民法院采取保全措施，可以责令申请人提供担保，申请人不提供担保的，裁定驳回申请。

人民法院接受申请后，对情况紧急的，必须在四十八小时内作出裁定；裁定采取保全措施的，应当立即开始执行。

第104条

诉前保全

利害关系人因情况紧急，不立即申

请保全将会使其合法权益受到难以弥补的损害的，可以在提起诉讼或者申请仲裁前向被保全财产所在地、被申请人住所地或者对案件有管辖权的人民法院申请采取保全措施。申请人应当提供担保，不提供担保的，裁定驳回申请。

人民法院接受申请后，必须在四十八小时内作出裁定；裁定采取保全措施的，应当立即开始执行。

申请人在人民法院采取保全措施后三十日内不依法提起诉讼或者申请仲裁的，人民法院应当解除保全。

### 第 105 条

保全范围

保全限于请求的范围，或者与本案有关的财物。

### 第 106 条

财产保全措施

财产保全采取查封、扣押、冻结或者法律规定的其他方法。人民法院保全财产后，应当立即通知被保全财产的人。

财产已被查封、冻结的，不得重复查封、冻结。

### 第 107 条

保全解除

财产纠纷案件，被申请人提供担保的，人民法院应当裁定解除保全。

### 第 108 条

保全错误补救

申请有错误的，申请人应当赔偿被申请人因保全所遭受的损失。

### 第 109 条

**先予执行**

人民法院对下列案件，根据当事人的申请，可以裁定先予执行：
（一）追索赡养费、扶养费、抚养费、抚恤金、医疗费用的；
（二）追索劳动报酬的；
（三）因情况紧急需要先予执行的。

### 第 110 条

**先予执行条件**

人民法院裁定先予执行的，应当符合下列条件：
（一）当事人之间权利义务关系明确，不先予执行将严重影响申请人的生活或者生产经营的；
（二）被申请人有履行能力。
人民法院可以责令申请人提供担保，申请人不提供担保的，驳回申请。申请人败诉的，应当赔偿被申请人因先予执行遭受的财产损失。

### 第 111 条

**保全或先予执行裁定的复议**

当事人对保全或者先予执行的裁定不服的，可以申请复议一次。复议期间不停止裁定的执行。

## 第十章　对妨害民事诉讼的强制措施

### 第 112 条

**拘传**

人民法院对必须到庭的被告，经两次传票传唤，无正当理由拒不到庭的，可以拘传。

## 第 113 条

**法庭规则及违反后果**

诉讼参与人和其他人应当遵守法庭规则。

人民法院对违反法庭规则的人，可以予以训诫，责令退出法庭或者予以罚款、拘留。

人民法院对哄闹、冲击法庭，侮辱、诽谤、威胁、殴打审判人员，严重扰乱法庭秩序的人，依法追究刑事责任；情节较轻的，予以罚款、拘留。

## 第 114 条

**对妨害诉讼行为的强制措施**

诉讼参与人或者其他人有下列行为之一的，人民法院可以根据情节轻重予以罚款、拘留；构成犯罪的，依法追究刑事责任：

（一）伪造、毁灭重要证据，妨碍人民法院审理案件的；

（二）以暴力、威胁、贿买方法阻止证人作证或者指使、贿买、胁迫他人作伪证的；

（三）隐藏、转移、变卖、毁损已被查封、扣押的财产，或者已被清点并责令其保管的财产，转移已被冻结的财产的；

（四）对司法工作人员、诉讼参加人、证人、翻译人员、鉴定人、勘验人、协助执行的人，进行侮辱、诽谤、诬陷、殴打或者打击报复的；

（五）以暴力、威胁或者其他方法阻碍司法工作人员执行职务的；

（六）拒不履行人民法院已经发生法律效力的判决、裁定的。

人民法院对有前款规定的行为之一的单位，可以对其主要负责人或者直接责任人员予以罚款、拘留；构成犯罪的，依法追究刑事责任。

**第 115 条**

对虚假诉讼、调解行为的司法处罚

当事人之间恶意串通，企图通过诉讼、调解等方式侵害国家利益、社会公共利益或者他人合法权益的，人民法院应当驳回其请求，并根据情节轻重予以罚款、拘留；构成犯罪的，依法追究刑事责任。

当事人单方捏造民事案件基本事实，向人民法院提起诉讼，企图侵害国家利益、社会公共利益或者他人合法权益的，适用前款规定。

**第 116 条**

对恶意串通逃避执行行为的司法处罚

被执行人与他人恶意串通，通过诉讼、仲裁、调解等方式逃避履行法律文书确定的义务的，人民法院应当根据情节轻重予以罚款、拘留；构成犯罪的，依法追究刑事责任。

**第 117 条**

对不协助调查、执行行为的强制措施

有义务协助调查、执行的单位有下列行为之一的，人民法院除责令其履行协助义务外，并可以予以罚款：

（一）有关单位拒绝或者妨碍人民法院调查取证的；

（二）有关单位接到人民法院协助执行通知书后，拒不协助查询、扣押、冻结、划拨、变价财产的；

（三）有关单位接到人民法院协助执

行通知书后，拒不协助扣留被执行人的收入、办理有关财产权证照转移手续、转交有关票证、证照或者其他财产的；

（四）其他拒绝协助执行的。

人民法院对有前款规定的行为之一的单位，可以对其主要负责人或者直接责任人员予以罚款；对仍不履行协助义务的，可以予以拘留；并可以向监察机关或者有关机关提出予以纪律处分的司法建议。

**第118条**

罚款、拘留

对个人的罚款金额，为人民币十万元以下。对单位的罚款金额，为人民币五万元以上一百万元以下。

拘留的期限，为十五日以下。

被拘留的人，由人民法院交公安机关看管。在拘留期间，被拘留人承认并改正错误的，人民法院可以决定提前解除拘留。

**第119条**

拘传、罚款、拘留程序

拘传、罚款、拘留必须经院长批准。

拘传应当发拘传票。

罚款、拘留应当用决定书。对决定不服的，可以向上一级人民法院申请复议一次。复议期间不停止执行。

**第120条**

强制措施决定权

采取对妨害民事诉讼的强制措施必须由人民法院决定。任何单位和个人采取非法拘禁他人或者非法私自扣押他人财产追索债务的，应当依法追究刑事责任，或者予以拘留、罚款。

## 第十一章　诉讼费用

**第121条**

交纳诉讼费用

当事人进行民事诉讼，应当按照规定交纳案件受理费。财产案件除交纳案件受理费外，并按照规定交纳其他诉讼费用。

当事人交纳诉讼费用确有困难的，可以按照规定向人民法院申请缓交、减交或者免交。

收取诉讼费用的办法另行制定。

# 第二编　审 判 程 序

## 第十二章　第一审普通程序

### 第一节　起诉和受理

**第 122 条**

起诉条件

起诉必须符合下列条件：
（一）原告是与本案有直接利害关系的公民、法人和其他组织；
（二）有明确的被告；
（三）有具体的诉讼请求和事实、理由；
（四）属于人民法院受理民事诉讼的范围和受诉人民法院管辖。

**第 123 条**

起诉方式

起诉应当向人民法院递交起诉状，并按照被告人数提出副本。
书写起诉状确有困难的，可以口头起诉，由人民法院记入笔录，并告知对方当事人。

**第 124 条**

起诉状

起诉状应当记明下列事项：
（一）原告的姓名、性别、年龄、民族、职业、工作单位、住所、联系方式，法人或者其他组织的名称、住所和法定代表人或者主要负责人的姓名、职务、联系方式；
（二）被告的姓名、性别、工作单位、住所等信息，法人或者其他组织的名称、住所等信息；
（三）诉讼请求和所根据的事实与理由；
（四）证据和证据来源，证人姓名和住所。

**第125条**

先行调解

当事人起诉到人民法院的民事纠纷，适宜调解的，先行调解，但当事人拒绝调解的除外。

**第126条**

立案期限

人民法院应当保障当事人依照法律规定享有的起诉权利。对符合本法第一百二十二条的起诉，必须受理。符合起诉条件的，应当在七日内立案，并通知当事人；不符合起诉条件的，应当在七日内作出裁定书，不予受理；原告对裁定不服的，可以提起上诉。

**第127条**

审查起诉

人民法院对下列起诉，分别情形，予以处理：
（一）依照行政诉讼法的规定，属于行政诉讼受案范围的，告知原告提起行政诉讼；
（二）依照法律规定，双方当事人达成书面仲裁协议申请仲裁、不得向人民法院起诉的，告知原告向仲裁机构申请仲裁；
（三）依照法律规定，应当由其他机关处理的争议，告知原告向有关机关申请解决；
（四）对不属于本院管辖的案件，

告知原告向有管辖权的人民法院起诉；

（五）对判决、裁定、调解书已经发生法律效力的案件，当事人又起诉的，告知原告申请再审，但人民法院准许撤诉的裁定除外；

（六）依照法律规定，在一定期限内不得起诉的案件，在不得起诉的期限内起诉的，不予受理；

（七）判决不准离婚和调解和好的离婚案件，判决、调解维持收养关系的案件，没有新情况、新理由，原告在六个月内又起诉的，不予受理。

## 第二节　审理前的准备

### 第128条

答辩状提出

人民法院应当在立案之日起五日内将起诉状副本发送被告，被告应当在收到之日起十五日内提出答辩状。答辩状应当记明被告的姓名、性别、年龄、民族、职业、工作单位、住所、联系方式；法人或者其他组织的名称、住所和法定代表人或者主要负责人的姓名、职务、联系方式。人民法院应当在收到答辩状之日起五日内将答辩状副本发送原告。

被告不提出答辩状的，不影响人民法院审理。

### 第129条

告知诉讼权利义务

人民法院对决定受理的案件，应当在受理案件通知书和应诉通知书中向当事人告知有关的诉讼权利义务，或者口头告知。

**第 130 条**

管辖权异议、应诉管辖

人民法院受理案件后，当事人对管辖权有异议的，应当在提交答辩状期间提出。人民法院对当事人提出的异议，应当审查。异议成立的，裁定将案件移送有管辖权的人民法院；异议不成立的，裁定驳回。

当事人未提出管辖异议，并应诉答辩或者提出反诉的，视为受诉人民法院有管辖权，但违反级别管辖和专属管辖规定的除外。

**第 131 条**

告知审判人员组成

审判人员确定后，应当在三日内告知当事人。

**第 132 条**

审核取证

审判人员必须认真审核诉讼材料，调查收集必要的证据。

**第 133 条**

法院调查程序

人民法院派出人员进行调查时，应当向被调查人出示证件。

调查笔录经被调查人校阅后，由被调查人、调查人签名或者盖章。

**第 134 条**

委托调查

人民法院在必要时可以委托外地人民法院调查。

委托调查，必须提出明确的项目和要求。受委托人民法院可以主动补充调查。
受委托人民法院收到委托书后，应当在三十日内完成调查。因故不能完成的，应当在上述期限内函告委托人民法院。

**第 135 条**

当事人追加

必须共同进行诉讼的当事人没有参加诉讼的，人民法院应当通知其参加诉讼。

**第 136 条**

开庭准备

人民法院对受理的案件，分别情形，予以处理：
（一）当事人没有争议，符合督促程序规定条件的，可以转入督促程序；
（二）开庭前可以调解的，采取调解方式及时解决纠纷；
（三）根据案件情况，确定适用简易程序或者普通程序；
（四）需要开庭审理的，通过要求当事人交换证据等方式，明确争议焦点。

## 第三节　开庭审理

**第 137 条**

审理方式

人民法院审理民事案件，除涉及国家秘密、个人隐私或者法律另有规定的以外，应当公开进行。
离婚案件，涉及商业秘密的案件，当事人申请不公开审理的，可以不公开审理。

第 138 条

巡回审理

人民法院审理民事案件，根据需要进行巡回审理，就地办案。

第 139 条

开庭通知及公告

人民法院审理民事案件，应当在开庭三日前通知当事人和其他诉讼参与人。公开审理的，应当公告当事人姓名、案由和开庭的时间、地点。

第 140 条

庭前准备

开庭审理前，书记员应当查明当事人和其他诉讼参与人是否到庭，宣布法庭纪律。

开庭审理时，由审判长或者独任审判员核对当事人，宣布案由，宣布审判人员、法官助理、书记员等的名单，告知当事人有关的诉讼权利义务，询问当事人是否提出回避申请。

第 141 条

法庭调查顺序

法庭调查按照下列顺序进行：

（一）当事人陈述；

（二）告知证人的权利义务，证人作证，宣读未到庭的证人证言；

（三）出示书证、物证、视听资料和电子数据；

（四）宣读鉴定意见；

（五）宣读勘验笔录。

第 142 条

当事人的庭审权利

当事人在法庭上可以提出新的证据。

当事人经法庭许可，可以向证人、鉴

定人、勘验人发问。
当事人要求重新进行调查、鉴定或者勘验的，是否准许，由人民法院决定。

**第 143 条**

诉的合并

原告增加诉讼请求，被告提出反诉，第三人提出与本案有关的诉讼请求，可以合并审理。

**第 144 条**

法庭辩论

法庭辩论按照下列顺序进行：
（一）原告及其诉讼代理人发言；
（二）被告及其诉讼代理人答辩；
（三）第三人及其诉讼代理人发言或者答辩；
（四）互相辩论。
法庭辩论终结，由审判长或者独任审判员按照原告、被告、第三人的先后顺序征询各方最后意见。

**第 145 条**

法庭辩论后的调解

法庭辩论终结，应当依法作出判决。判决前能够调解的，还可以进行调解，调解不成的，应当及时判决。

**第 146 条**

按撤诉处理

原告经传票传唤，无正当理由拒不到庭的，或者未经法庭许可中途退庭的，可以按撤诉处理；被告反诉的，可以缺席判决。

**第 147 条**

缺席判决

被告经传票传唤，无正当理由拒不

到庭的，或者未经法庭许可中途退庭的，可以缺席判决。

第 148 条

撤诉

宣判前，原告申请撤诉的，是否准许，由人民法院裁定。

人民法院裁定不准许撤诉的，原告经传票传唤，无正当理由拒不到庭的，可以缺席判决。

第 149 条

延期审理

有下列情形之一的，可以延期开庭审理：

（一）必须到庭的当事人和其他诉讼参与人有正当理由没有到庭的；

（二）当事人临时提出回避申请的；

（三）需要通知新的证人到庭，调取新的证据，重新鉴定、勘验，或者需要补充调查的；

（四）其他应当延期的情形。

第 150 条

法庭笔录

书记员应当将法庭审理的全部活动记入笔录，由审判人员和书记员签名。

法庭笔录应当当庭宣读，也可以告知当事人和其他诉讼参与人当庭或者在五日内阅读。当事人和其他诉讼参与人认为对自己的陈述记录有遗漏或者差错的，有权申请补正。如果不予补正，应当将申请记录在案。

法庭笔录由当事人和其他诉讼参与人签名或者盖章。拒绝签名盖章的，记明情况附卷。

第 151 条

宣告判决

人民法院对公开审理或者不公开审理的案件，一律公开宣告判决。

当庭宣判的，应当在十日内发送判决书；定期宣判的，宣判后立即发给判决书。

宣告判决时，必须告知当事人上诉权利、上诉期限和上诉的法院。

宣告离婚判决，必须告知当事人在判决发生法律效力前不得另行结婚。

第 152 条

审理期限

人民法院适用普通程序审理的案件，应当在立案之日起六个月内审结。有特殊情况需要延长的，经本院院长批准，可以延长六个月；还需要延长的，报请上级人民法院批准。

## 第四节　诉讼中止和终结

第 153 条

中止诉讼

有下列情形之一的，中止诉讼：

（一）一方当事人死亡，需要等待继承人表明是否参加诉讼的；

（二）一方当事人丧失诉讼行为能力，尚未确定法定代理人的；

（三）作为一方当事人的法人或者其他组织终止，尚未确定权利义务承受人的；

（四）一方当事人因不可抗拒的事

由，不能参加诉讼的；
（五）本案必须以另一案的审理结果为依据，而另一案尚未审结的；
（六）其他应当中止诉讼的情形。
中止诉讼的原因消除后，恢复诉讼。

**第 154 条**

终结诉讼

有下列情形之一的，终结诉讼：
（一）原告死亡，没有继承人，或者继承人放弃诉讼权利的；
（二）被告死亡，没有遗产，也没有应当承担义务的人的；
（三）离婚案件一方当事人死亡的；
（四）追索赡养费、扶养费、抚养费以及解除收养关系案件的一方当事人死亡的。

## 第五节　判决和裁定

**第 155 条**

判决书

判决书应当写明判决结果和作出该判决的理由。判决书内容包括：
（一）案由、诉讼请求、争议的事实和理由；
（二）判决认定的事实和理由、适用的法律和理由；
（三）判决结果和诉讼费用的负担；
（四）上诉期间和上诉的法院。
判决书由审判人员、书记员署名，加盖人民法院印章。

**第 156 条**

先行判决

人民法院审理案件，其中一部分事

实已经清楚，可以就该部分先行判决。

## 第 157 条

裁定

裁定适用于下列范围：

（一）不予受理；

（二）对管辖权有异议的；

（三）驳回起诉；

（四）保全和先予执行；

（五）准许或者不准许撤诉；

（六）中止或者终结诉讼；

（七）补正判决书中的笔误；

（八）中止或者终结执行；

（九）撤销或者不予执行仲裁裁决；

（十）不予执行公证机关赋予强制执行效力的债权文书；

（十一）其他需要裁定解决的事项。

对前款第一项至第三项裁定，可以上诉。

裁定书应当写明裁定结果和作出该裁定的理由。裁定书由审判人员、书记员署名，加盖人民法院印章。口头裁定的，记入笔录。

## 第 158 条

生效裁判

最高人民法院的判决、裁定，以及依法不准上诉或者超过上诉期没有上诉的判决、裁定，是发生法律效力的判决、裁定。

## 第 159 条

裁判文书公开

公众可以查阅发生法律效力的判决书、裁定书，但涉及国家秘密、商业秘密和个人隐私的内容除外。

## 第十三章　简易程序

**第 160 条**

适用范围

基层人民法院和它派出的法庭审理事实清楚、权利义务关系明确、争议不大的简单的民事案件，适用本章规定。

基层人民法院和它派出的法庭审理前款规定以外的民事案件，当事人双方也可以约定适用简易程序。

**第 161 条**

起诉方式

对简单的民事案件，原告可以口头起诉。

当事人双方可以同时到基层人民法院或者它派出的法庭，请求解决纠纷。基层人民法院或者它派出的法庭可以当即审理，也可以另定日期审理。

**第 162 条**

简便方式传唤、送达、审理

基层人民法院和它派出的法庭审理简单的民事案件，可以用简便方式传唤当事人和证人、送达诉讼文书、审理案件，但应当保障当事人陈述意见的权利。

**第 163 条**

简单民事案件的审理方式

简单的民事案件由审判员一人独任审理，并不受本法第一百三十九条、第一百四十一条、第一百四十四条规定的限制。

第 164 条

简易程序案件的审理期限

人民法院适用简易程序审理案件，应当在立案之日起三个月内审结。有特殊情况需要延长的，经本院院长批准，可以延长一个月。

第 165 条

小额诉讼程序

基层人民法院和它派出的法庭审理事实清楚、权利义务关系明确、争议不大的简单金钱给付民事案件，标的额为各省、自治区、直辖市上年度就业人员年平均工资百分之五十以下的，适用小额诉讼的程序审理，实行一审终审。

基层人民法院和它派出的法庭审理前款规定的民事案件，标的额超过各省、自治区、直辖市上年度就业人员年平均工资百分之五十但在二倍以下的，当事人双方也可以约定适用小额诉讼的程序。

第 166 条

不适用小额诉讼程序的案件

人民法院审理下列民事案件，不适用小额诉讼的程序：

（一）人身关系、财产确权案件；

（二）涉外案件；

（三）需要评估、鉴定或者对诉前评估、鉴定结果有异议的案件；

（四）一方当事人下落不明的案件；

（五）当事人提出反诉的案件；

（六）其他不宜适用小额诉讼的程序审理的案件。

第 167 条

小额诉讼案件的审理方式

人民法院适用小额诉讼的程序审理案件,可以一次开庭审结并且当庭宣判。

第 168 条

小额诉讼案件的审理期限

人民法院适用小额诉讼的程序审理案件,应当在立案之日起两个月内审结。有特殊情况需要延长的,经本院院长批准,可以延长一个月。

第 169 条

当事人程序异议权

人民法院在审理过程中,发现案件不宜适用小额诉讼的程序的,应当适用简易程序的其他规定审理或者裁定转为普通程序。

当事人认为案件适用小额诉讼的程序审理违反法律规定的,可以向人民法院提出异议。人民法院对当事人提出的异议应当审查,异议成立的,应当适用简易程序的其他规定审理或者裁定转为普通程序;异议不成立的,裁定驳回。

第 170 条

简易程序转普通程序

人民法院在审理过程中,发现案件不宜适用简易程序的,裁定转为普通程序。

## 第十四章　第二审程序

第 171 条

上诉

当事人不服地方人民法院第一审

判决的，有权在判决书送达之日起十五日内向上一级人民法院提起上诉。

当事人不服地方人民法院第一审裁定的，有权在裁定书送达之日起十日内向上一级人民法院提起上诉。

**第172条**

上诉状

上诉应当递交上诉状。上诉状的内容，应当包括当事人的姓名，法人的名称及其法定代表人的姓名或者其他组织的名称及其主要负责人的姓名；原审人民法院名称、案件的编号和案由；上诉的请求和理由。

**第173条**

上诉方式

上诉状应当通过原审人民法院提出，并按照对方当事人或者代表人的人数提出副本。

当事人直接向第二审人民法院上诉的，第二审人民法院应当在五日内将上诉状移交原审人民法院。

**第174条**

受理上诉

原审人民法院收到上诉状，应当在五日内将上诉状副本送达对方当事人，对方当事人在收到之日起十五日内提出答辩状。人民法院应当在收到答辩状之日起五日内将副本送达上诉人。对方当事人不提出答辩状的，不影响人民法院审理。

原审人民法院收到上诉状、答辩状，应当在五日内连同全部案卷和证据，报送第二审人民法院。

## 第 175 条

二审审查范围

第二审人民法院应当对上诉请求的有关事实和适用法律进行审查。

## 第 176 条

二审审理方式

第二审人民法院对上诉案件应当开庭审理。经过阅卷、调查和询问当事人，对没有提出新的事实、证据或者理由，人民法院认为不需要开庭审理的，可以不开庭审理。

第二审人民法院审理上诉案件，可以在本院进行，也可以到案件发生地或者原审人民法院所在地进行。

## 第 177 条

二审裁判

第二审人民法院对上诉案件，经过审理，按照下列情形，分别处理：

(一) 原判决、裁定认定事实清楚，适用法律正确的，以判决、裁定方式驳回上诉，维持原判决、裁定；

(二) 原判决、裁定认定事实错误或者适用法律错误的，以判决、裁定方式依法改判、撤销或者变更；

(三) 原判决认定基本事实不清的，裁定撤销原判决，发回原审人民法院重审，或者查清事实后改判；

(四) 原判决遗漏当事人或者违法缺席判决等严重违反法定程序的，裁定撤销原判决，发回原审人民法院重审。

原审人民法院对发回重审的案件作出判决后，当事人提起上诉的，第二审人民法院不得再次发回重审。

第 178 条

裁定上诉处理　第二审人民法院对不服第一审人民法院裁定的上诉案件的处理，一律使用裁定。

第 179 条

二审调解　第二审人民法院审理上诉案件，可以进行调解。调解达成协议，应当制作调解书，由审判人员、书记员署名，加盖人民法院印章。调解书送达后，原审人民法院的判决即视为撤销。

第 180 条

撤回上诉　第二审人民法院判决宣告前，上诉人申请撤回上诉的，是否准许，由第二审人民法院裁定。

第 181 条

二审适用程序　第二审人民法院审理上诉案件，除依照本章规定外，适用第一审普通程序。

第 182 条

二审裁判效力　第二审人民法院的判决、裁定，是终审的判决、裁定。

第 183 条

二审审限　人民法院审理对判决的上诉案件，应当在第二审立案之日起三个月内审结。有特殊情况需要延长的，由本院院长批准。

人民法院审理对裁定的上诉案件，应当在第二审立案之日起三十日内作出终审裁定。

## 第十五章 特别程序

### 第一节 一般规定

**第184条**

适用范围

人民法院审理选民资格案件、宣告失踪或者宣告死亡案件、指定遗产管理人案件、认定公民无民事行为能力或者限制民事行为能力案件、认定财产无主案件、确认调解协议案件和实现担保物权案件，适用本章规定。本章没有规定的，适用本法和其他法律的有关规定。

**第185条**

审级、审判组织

依照本章程序审理的案件，实行一审终审。选民资格案件或者重大、疑难的案件，由审判员组成合议庭审理；其他案件由审判员一人独任审理。

**第186条**

特别程序转化

人民法院在依照本章程序审理案件的过程中，发现本案属于民事权益争议的，应当裁定终结特别程序，并告知利害关系人可以另行起诉。

**第187条**

审理期限

人民法院适用特别程序审理的案件，应当在立案之日起三十日内或者公告期满后三十日内审结。有特殊情况需要延长的，由本院院长批准。但审理选民资格的案件除外。

## 第二节 选民资格案件

**第188条**

起诉与受理

公民不服选举委员会对选民资格的申诉所作的处理决定，可以在选举日的五日以前向选区所在地基层人民法院起诉。

**第189条**

审限与判决

人民法院受理选民资格案件后，必须在选举日前审结。

审理时，起诉人、选举委员会的代表和有关公民必须参加。

人民法院的判决书，应当在选举日前送达选举委员会和起诉人，并通知有关公民。

## 第三节 宣告失踪、宣告死亡案件

**第190条**

宣告失踪

公民下落不明满二年，利害关系人申请宣告其失踪的，向下落不明人住所地基层人民法院提出。

申请书应当写明失踪的事实、时间和请求，并附有公安机关或者其他有关机关关于该公民下落不明的书面证明。

**第191条**

宣告死亡

公民下落不明满四年，或者因意外事件下落不明满二年，或者因意外事件下落不明，经有关机关证明该公民不可能生存，利害关系人申请宣告其死亡的，向下落不明人住所地基层人民法院提出。

申请书应当写明下落不明的事实、时间和请求，并附有公安机关或者其他有关机关关于该公民下落不明的书面证明。

**第 192 条**

公告与判决

人民法院受理宣告失踪、宣告死亡案件后，应当发出寻找下落不明人的公告。宣告失踪的公告期间为三个月，宣告死亡的公告期间为一年。因意外事件下落不明，经有关机关证明该公民不可能生存的，宣告死亡的公告期间为三个月。

公告期间届满，人民法院应当根据被宣告失踪、宣告死亡的事实是否得到确认，作出宣告失踪、宣告死亡的判决或者驳回申请的判决。

**第 193 条**

判决撤销

被宣告失踪、宣告死亡的公民重新出现，经本人或者利害关系人申请，人民法院应当作出新判决，撤销原判决。

## 第四节　指定遗产管理人案件

**第 194 条**

申请指定遗产管理人

对遗产管理人的确定有争议，利害关系人申请指定遗产管理人的，向被继承人死亡时住所地或者主要遗产所在地基层人民法院提出。
申请书应当写明被继承人死亡的时间、申请事由和具体请求，并附有被继承人死亡的相关证据。

**第195条**

遗产管理人的确定

人民法院受理申请后，应当审查核实，并按照有利于遗产管理的原则，判决指定遗产管理人。

**第196条**

另行指定遗产管理人

被指定的遗产管理人死亡、终止、丧失民事行为能力或者存在其他无法继续履行遗产管理职责情形的，人民法院可以根据利害关系人或者本人的申请另行指定遗产管理人。

**第197条**

撤销遗产管理人资格

遗产管理人违反遗产管理职责，严重侵害继承人、受遗赠人或者债权人合法权益的，人民法院可以根据利害关系人的申请，撤销其遗产管理人资格，并依法指定新的遗产管理人。

## 第五节 认定公民无民事行为能力、限制民事行为能力案件

**第198条**

管辖与申请

申请认定公民无民事行为能力或者限制民事行为能力，由利害关系人或者有关组织向该公民住所地基层

人民法院提出。

申请书应当写明该公民无民事行为能力或者限制民事行为能力的事实和根据。

**第 199 条**

医学鉴定

人民法院受理申请后，必要时应当对被请求认定为无民事行为能力或者限制民事行为能力的公民进行鉴定。申请人已提供鉴定意见的，应当对鉴定意见进行审查。

**第 200 条**

代理人、审理与判决

人民法院审理认定公民无民事行为能力或者限制民事行为能力的案件，应当由该公民的近亲属为代理人，但申请人除外。近亲属互相推诿的，由人民法院指定其中一人为代理人。该公民健康情况许可的，还应当询问本人的意见。

人民法院经审理认定申请有事实根据的，判决该公民为无民事行为能力或者限制民事行为能力人；认定申请没有事实根据的，应当判决予以驳回。

**第 201 条**

判决撤销

人民法院根据被认定为无民事行为能力人、限制民事行为能力人本人、利害关系人或者有关组织的申请，证实该公民无民事行为能力或者限制民事行为能力的原因已经消除的，应当作出新判决，撤销原判决。

## 第六节　认定财产无主案件

**第 202 条**

管辖与申请书

申请认定财产无主，由公民、法人或者其他组织向财产所在地基层人民法院提出。

申请书应当写明财产的种类、数量以及要求认定财产无主的根据。

**第 203 条**

公告与判决

人民法院受理申请后，经审查核实，应当发出财产认领公告。公告满一年无人认领的，判决认定财产无主，收归国家或者集体所有。

**第 204 条**

撤销判决

判决认定财产无主后，原财产所有人或者继承人出现，在民法典规定的诉讼时效期间可以对财产提出请求，人民法院审查属实后，应当作出新判决，撤销原判决。

## 第七节　确认调解协议案件

**第 205 条**

申请与管辖

经依法设立的调解组织调解达成调解协议，申请司法确认的，由双方当事人自调解协议生效之日起三十日内，共同向下列人民法院提出：

（一）人民法院邀请调解组织开展先行调解的，向作出邀请的人民法院提出；

（二）调解组织自行开展调解的，向

当事人住所地、标的物所在地、调解组织所在地的基层人民法院提出；调解协议所涉纠纷应当由中级人民法院管辖的，向相应的中级人民法院提出。

**第 206 条**

**裁定与执行**

人民法院受理申请后，经审查，符合法律规定的，裁定调解协议有效，一方当事人拒绝履行或者未全部履行的，对方当事人可以向人民法院申请执行；不符合法律规定的，裁定驳回申请，当事人可以通过调解方式变更原调解协议或者达成新的调解协议，也可以向人民法院提起诉讼。

## 第八节　实现担保物权案件

**第 207 条**

**申请与管辖**

申请实现担保物权，由担保物权人以及其他有权请求实现担保物权的人依照民法典等法律，向担保财产所在地或者担保物权登记地基层人民法院提出。

**第 208 条**

**裁定与执行**

人民法院受理申请后，经审查，符合法律规定的，裁定拍卖、变卖担保财产，当事人依据该裁定可以向人民法院申请执行；不符合法律规定的，裁定驳回申请，当事人可以向人民法院提起诉讼。

## 第十六章　审判监督程序

**第 209 条**

法院依职权提起再审

各级人民法院院长对本院已经发生法律效力的判决、裁定、调解书，发现确有错误，认为需要再审的，应当提交审判委员会讨论决定。

最高人民法院对地方各级人民法院已经发生法律效力的判决、裁定、调解书，上级人民法院对下级人民法院已经发生法律效力的判决、裁定、调解书，发现确有错误的，有权提审或者指令下级人民法院再审。

**第 210 条**

当事人申请再审

当事人对已经发生法律效力的判决、裁定，认为有错误的，可以向上一级人民法院申请再审；当事人一方人数众多或者当事人双方为公民的案件，也可以向原审人民法院申请再审。当事人申请再审的，不停止判决、裁定的执行。

**第 211 条**

申请再审的条件

当事人的申请符合下列情形之一的，人民法院应当再审：

（一）有新的证据，足以推翻原判决、裁定的；

（二）原判决、裁定认定的基本事实缺乏证据证明的；

（三）原判决、裁定认定事实的主要

证据是伪造的；
（四）原判决、裁定认定事实的主要证据未经质证的；
（五）对审理案件需要的主要证据，当事人因客观原因不能自行收集，书面申请人民法院调查收集，人民法院未调查收集的；
（六）原判决、裁定适用法律确有错误的；
（七）审判组织的组成不合法或者依法应当回避的审判人员没有回避的；
（八）无诉讼行为能力人未经法定代理人代为诉讼或者应当参加诉讼的当事人，因不能归责于本人或者其诉讼代理人的事由，未参加诉讼的；
（九）违反法律规定，剥夺当事人辩论权利的；
（十）未经传票传唤，缺席判决的；
（十一）原判决、裁定遗漏或者超出诉讼请求的；
（十二）据以作出原判决、裁定的法律文书被撤销或者变更的；
（十三）审判人员审理该案件时有贪污受贿，徇私舞弊，枉法裁判行为的。

## 第212条

**对调解书申请再审**

当事人对已经发生法律效力的调解书，提出证据证明调解违反自愿原则或者调解协议的内容违反法律的，可以申请再审。经人民法院审查属实的，应当再审。

**第 213 条**

离婚判决、调解不得再审

当事人对已经发生法律效力的解除婚姻关系的判决、调解书，不得申请再审。

**第 214 条**

当事人申请再审程序

当事人申请再审的，应当提交再审申请书等材料。人民法院应当自收到再审申请书之日起五日内将再审申请书副本发送对方当事人。对方当事人应当自收到再审申请书副本之日起十五日内提交书面意见；不提交书面意见的，不影响人民法院审查。人民法院可以要求申请人和对方当事人补充有关材料，询问有关事项。

**第 215 条**

再审申请的审查与再审案件的审级

人民法院应当自收到再审申请书之日起三个月内审查，符合本法规定的，裁定再审；不符合本法规定的，裁定驳回申请。有特殊情况需要延长的，由本院院长批准。

因当事人申请裁定再审的案件由中级人民法院以上的人民法院审理，但当事人依照本法第二百一十条的规定选择向基层人民法院申请再审的除外。最高人民法院、高级人民法院裁定再审的案件，由本院再审或者交其他人民法院再审，也可以交原审人民法院再审。

**第 216 条**

当事人申请再审期限

当事人申请再审，应当在判决、裁定发生法律效力后六个月内提出；有本法第二百一十一条第一项、第三项、第十二项、第十三项规定情形的，自知道或者应当知道之日起六个月内提出。

**第 217 条**

中止执行及例外

按照审判监督程序决定再审的案件，裁定中止原判决、裁定、调解书的执行，但追索赡养费、扶养费、抚养费、抚恤金、医疗费用、劳动报酬等案件，可以不中止执行。

**第 218 条**

再审审理程序

人民法院按照审判监督程序再审的案件，发生法律效力的判决、裁定是由第一审法院作出的，按照第一审程序审理，所作的判决、裁定，当事人可以上诉；发生法律效力的判决、裁定是由第二审法院作出的，按照第二审程序审理，所作的判决、裁定，是发生法律效力的判决、裁定；上级人民法院按照审判监督程序提审的，按照第二审程序审理，所作的判决、裁定是发生法律效力的判决、裁定。

人民法院审理再审案件，应当另行组成合议庭。

**第 219 条**

检察院提出抗诉或者检察建议

最高人民检察院对各级人民法院已经发生法律效力的判决、裁定，上级人民检察院对下级人民法院已经发生法律效力的判决、裁定，发现有本法第二百一十一条规定情形之一的，或者发现调解书损害国家利益、社会公共利益的，应当提出抗诉。

地方各级人民检察院对同级人民法院已经发生法律效力的判决、裁定，发现有本法第二百一十一条规定情形之一的，或者发现调解书损害国家利益、社会公共利益的，可以向同级人民法院提出检察建议，并报上级人民检察院备案；也可以提请上级人民检察院向同级人民法院提出抗诉。

各级人民检察院对审判监督程序以外的其他审判程序中审判人员的违法行为，有权向同级人民法院提出检察建议。

**第 220 条**

当事人申请检察建议或者抗诉

有下列情形之一的，当事人可以向人民检察院申请检察建议或者抗诉：

（一）人民法院驳回再审申请的；

（二）人民法院逾期未对再审申请作出裁定的；

（三）再审判决、裁定有明显错误的。

人民检察院对当事人的申请应当在三个月内进行审查，作出提出或者不予提出检察建议或者抗诉的决定。当事人不得再次向人民检察院申请检察建议或者抗诉。

**第 221 条**

检察院的调查权

人民检察院因履行法律监督职责提出检察建议或者抗诉的需要，可以向当事人或者案外人调查核实有关情况。

**第 222 条**

抗诉案件的审理

人民检察院提出抗诉的案件，接受抗诉的人民法院应当自收到抗诉书之日起三十日内作出再审的裁定；有本法第二百一十一条第一项至第五项规定情形之一的，可以交下一级人民法院再审，但经该下一级人民法院再审的除外。

**第 223 条**

抗诉书

人民检察院决定对人民法院的判决、裁定、调解书提出抗诉的，应当制作抗诉书。

**第 224 条**

检察员出庭

人民检察院提出抗诉的案件，人民法院再审时，应当通知人民检察院派员出席法庭。

## 第十七章　督 促 程 序

**第 225 条**

支付令申请

债权人请求债务人给付金钱、有价证券，符合下列条件的，可以向有管辖权的基层人民法院申请支付令：

(一)债权人与债务人没有其他债务纠纷的；

(二)支付令能够送达债务人的。

申请书应当写明请求给付金钱或者

有价证券的数量和所根据的事实、证据。

第 226 条

受理

债权人提出申请后，人民法院应当在五日内通知债权人是否受理。

第 227 条

支付令的审理、异议和执行

人民法院受理申请后，经审查债权人提供的事实、证据，对债权债务关系明确、合法的，应当在受理之日起十五日内向债务人发出支付令；申请不成立的，裁定予以驳回。

债务人应当自收到支付令之日起十五日内清偿债务，或者向人民法院提出书面异议。

债务人在前款规定的期间不提出异议又不履行支付令的，债权人可以向人民法院申请执行。

第 228 条

终结督促程序

人民法院收到债务人提出的书面异议后，经审查，异议成立的，应当裁定终结督促程序，支付令自行失效。

支付令失效的，转入诉讼程序，但申请支付令的一方当事人不同意提起诉讼的除外。

## 第十八章　公示催告程序

第 229 条

适用范围

按照规定可以背书转让的票据持有

人，因票据被盗、遗失或者灭失，可以向票据支付地的基层人民法院申请公示催告。依照法律规定可以申请公示催告的其他事项，适用本章规定。

申请人应当向人民法院递交申请书，写明票面金额、发票人、持票人、背书人等票据主要内容和申请的理由、事实。

**第 230 条**

公告及期限

人民法院决定受理申请，应当同时通知支付人停止支付，并在三日内发出公告，催促利害关系人申报权利。公示催告的期间，由人民法院根据情况决定，但不得少于六十日。

**第 231 条**

停止支付

支付人收到人民法院停止支付的通知，应当停止支付，至公示催告程序终结。

公示催告期间，转让票据权利的行为无效。

**第 232 条**

申报票据权利

利害关系人应当在公示催告期间向人民法院申报。

人民法院收到利害关系人的申报后，应当裁定终结公示催告程序，并通知申请人和支付人。

申请人或者申报人可以向人民法院起诉。

第 233 条

公示催告判决

没有人申报的，人民法院应当根据申请人的申请，作出判决，宣告票据无效。判决应当公告，并通知支付人。自判决公告之日起，申请人有权向支付人请求支付。

第 234 条

利害关系人起诉

利害关系人因正当理由不能在判决前向人民法院申报的，自知道或者应当知道判决公告之日起一年内，可以向作出判决的人民法院起诉。

# 第三编　执 行 程 序

## 第十九章　一 般 规 定

### 第 235 条

执行根据、管辖

发生法律效力的民事判决、裁定，以及刑事判决、裁定中的财产部分，由第一审人民法院或者与第一审人民法院同级的被执行的财产所在地人民法院执行。

法律规定由人民法院执行的其他法律文书，由被执行人住所地或者被执行的财产所在地人民法院执行。

### 第 236 条

对违法执行行为的异议

当事人、利害关系人认为执行行为违反法律规定的，可以向负责执行的人民法院提出书面异议。当事人、利害关系人提出书面异议的，人民法院应当自收到书面异议之日起十五日内审查，理由成立的，裁定撤销或者改正；理由不成立的，裁定驳回。当事人、利害关系人对裁定不服的，可以自裁定送达之日起十日内向上一级人民法院申请复议。

### 第 237 条

变更执行法院

人民法院自收到申请执行书之日起超过六个月未执行的，申请执行人可以向上一级人民法院申请执行。上一级人民法院经审查，可以责令原人民法院在一定期限内执行，也可以决定由本院执行或者指令其他人民法院执行。

**第 238 条**

案外人异议

执行过程中，案外人对执行标的提出书面异议的，人民法院应当自收到书面异议之日起十五日内审查，理由成立的，裁定中止对该标的的执行；理由不成立的，裁定驳回。案外人、当事人对裁定不服，认为原判决、裁定错误的，依照审判监督程序办理；与原判决、裁定无关的，可以自裁定送达之日起十五日内向人民法院提起诉讼。

**第 239 条**

执行机构、程序

执行工作由执行员进行。

采取强制执行措施时，执行员应当出示证件。执行完毕后，应当将执行情况制作笔录，由在场的有关人员签名或者盖章。

人民法院根据需要可以设立执行机构。

**第 240 条**

委托执行

被执行人或者被执行的财产在外地的，可以委托当地人民法院代为执行。受委托人民法院收到委托函件后，必须在十五日内开始执行，不得拒绝。执行完毕后，应当将执行结果及时函复委托人民法院；在三十日内如果还未执行完毕，也应当将执行情况函告委托人民法院。

受委托人民法院自收到委托函件之日起十五日内不执行的，委托人民法院可以请求受委托人民法院的上级人民法院指令受委托人民法院执行。

**第 241 条**

执行和解

在执行中，双方当事人自行和解达成协议的，执行员应当将协议内容记入笔录，由双方当事人签名或者盖章。

申请执行人因受欺诈、胁迫与被执行人达成和解协议，或者当事人不履行和解协议的，人民法院可以根据当事人的申请，恢复对原生效法律文书的执行。

**第 242 条**

执行担保

在执行中，被执行人向人民法院提供担保，并经申请执行人同意的，人民法院可以决定暂缓执行及暂缓执行的期限。被执行人逾期仍不履行的，人民法院有权执行被执行人的担保财产或者担保人的财产。

**第 243 条**

执行承担

作为被执行人的公民死亡的，以其遗产偿还债务。作为被执行人的法人或者其他组织终止的，由其权利义务承受人履行义务。

**第 244 条**

执行回转

执行完毕后，据以执行的判决、裁定和其他法律文书确有错误，被人民法院撤销的，对已被执行的财产，人民法院应当作出裁定，责令取得财产的人返还；拒不返还的，强制执行。

**第 245 条**

调解书执行

人民法院制作的调解书的执行，适用本编的规定。

**第 246 条**

民事执行法律监督

人民检察院有权对民事执行活动实行法律监督。

## 第二十章　执行的申请和移送

**第 247 条**

申请执行和移送执行

发生法律效力的民事判决、裁定，当事人必须履行。一方拒绝履行的，对方当事人可以向人民法院申请执行，也可以由审判员移送执行员执行。

调解书和其他应当由人民法院执行的法律文书，当事人必须履行。一方拒绝履行的，对方当事人可以向人民法院申请执行。

**第 248 条**

仲裁裁决执行

对依法设立的仲裁机构的裁决，一方当事人不履行的，对方当事人可以向有管辖权的人民法院申请执行。受申请的人民法院应当执行。

被申请人提出证据证明仲裁裁决有下列情形之一的，经人民法院组成合议庭审查核实，裁定不予执行：

（一）当事人在合同中没有订有仲裁条款或者事后没有达成书面仲裁协议的；

（二）裁决的事项不属于仲裁协议的范围或者仲裁机构无权仲裁的；

（三）仲裁庭的组成或者仲裁的程序违反法定程序的；

（四）裁决所根据的证据是伪造的；

（五）对方当事人向仲裁机构隐瞒了足以影响公正裁决的证据的；

（六）仲裁员在仲裁该案时有贪污受贿，徇私舞弊，枉法裁决行为的。

人民法院认定执行该裁决违背社会公共利益的，裁定不予执行。

裁定书应当送达双方当事人和仲裁机构。

仲裁裁决被人民法院裁定不予执行的，当事人可以根据双方达成的书面仲裁协议重新申请仲裁，也可以向人民法院起诉。

**第 249 条**

**公证债权文书执行**

对公证机关依法赋予强制执行效力的债权文书，一方当事人不履行的，对方当事人可以向有管辖权的人民法院申请执行，受申请的人民法院应当执行。

公证债权文书确有错误的，人民法院裁定不予执行，并将裁定书送达双方当事人和公证机关。

**第 250 条**

**申请执行期间**

申请执行的期间为二年。申请执行

时效的中止、中断，适用法律有关诉讼时效中止、中断的规定。

前款规定的期间，从法律文书规定履行期间的最后一日起计算；法律文书规定分期履行的，从最后一期履行期限届满之日起计算；法律文书未规定履行期间的，从法律文书生效之日起计算。

### 第 251 条

执行通知

执行员接到申请执行书或者移交执行书，应当向被执行人发出执行通知，并可以立即采取强制执行措施。

## 第二十一章　执 行 措 施

### 第 252 条

被执行人报告义务

被执行人未按执行通知履行法律文书确定的义务，应当报告当前以及收到执行通知之日前一年的财产情况。被执行人拒绝报告或者虚假报告的，人民法院可以根据情节轻重对被执行人或者其法定代理人、有关单位的主要负责人或者直接责任人员予以罚款、拘留。

### 第 253 条

查询、扣押、冻结、划拨、变价金融资产

被执行人未按执行通知履行法律文书确定的义务，人民法院有权向有关单位查询被执行人的存款、债券、股票、基金份额等财产情况。人民法院有权根据不同情形扣押、冻结、划拨、变价被执行人的财产。人民法院查询、扣押、冻结、划拨、变价的财产不得超出被执行人应当履行义务的范围。

人民法院决定扣押、冻结、划拨、变价财产，应当作出裁定，并发出协助执行通知书，有关单位必须办理。

## 第 254 条

扣留、提取收入

被执行人未按执行通知履行法律文书确定的义务，人民法院有权扣留、提取被执行人应当履行义务部分的收入。但应当保留被执行人及其所扶养家属的生活必需费用。

人民法院扣留、提取收入时，应当作出裁定，并发出协助执行通知书，被执行人所在单位、银行、信用合作社和其他有储蓄业务的单位必须办理。

## 第 255 条

查封、扣押、冻结、拍卖、变卖被执行人财产

被执行人未按执行通知履行法律文书确定的义务，人民法院有权查封、扣押、冻结、拍卖、变卖被执行人应当履行义务部分的财产。但应当保留被执行人及其所扶养家属的生活必需品。

采取前款措施，人民法院应当作出裁定。

## 第 256 条

查封、扣押财产程序

人民法院查封、扣押财产时，被执行人是公民的，应当通知被执行人或者他的成年家属到场；被执行人是

法人或者其他组织的，应当通知其法定代表人或者主要负责人到场。拒不到场的，不影响执行。被执行人是公民的，其工作单位或者财产所在地的基层组织应当派人参加。

对被查封、扣押的财产，执行员必须造具清单，由在场人签名或者盖章后，交被执行人一份。被执行人是公民的，也可以交他的成年家属一份。

第 257 条

查封财产保管

被查封的财产，执行员可以指定被执行人负责保管。因被执行人的过错造成的损失，由被执行人承担。

第 258 条

拍卖、变卖财产

财产被查封、扣押后，执行员应当责令被执行人在指定期间履行法律文书确定的义务。被执行人逾期不履行的，人民法院应当拍卖被查封、扣押的财产；不适于拍卖或者当事人双方同意不进行拍卖的，人民法院可以委托有关单位变卖或者自行变卖。国家禁止自由买卖的物品，交有关单位按照国家规定的价格收购。

第 259 条

搜查被执行人财产

被执行人不履行法律文书确定的义务，并隐匿财产的，人民法院有权发出搜查令，对被执行人及其住所或者财产隐匿地进行搜查。

采取前款措施，由院长签发搜查令。

## 第 260 条

指定交付

法律文书指定交付的财物或者票证，由执行员传唤双方当事人当面交付，或者由执行员转交，并由被交付人签收。

有关单位持有该项财物或者票证的，应当根据人民法院的协助执行通知书转交，并由被交付人签收。

有关公民持有该项财物或者票证的，人民法院通知其交出。拒不交出的，强制执行。

## 第 261 条

强制迁出房屋、强制退出土地

强制迁出房屋或者强制退出土地，由院长签发公告，责令被执行人在指定期间履行。被执行人逾期不履行的，由执行员强制执行。

强制执行时，被执行人是公民的，应当通知被执行人或者他的成年家属到场；被执行人是法人或者其他组织的，应当通知其法定代表人或者主要负责人到场。拒不到场的，不影响执行。被执行人是公民的，其工作单位或者房屋、土地所在地的基层组织应当派人参加。执行员应当将强制执行情况记入笔录，由在场人签名或者盖章。

强制迁出房屋被搬出的财物，由人民法院派人运至指定处所，交给被执行人。被执行人是公民的，也可以交给他的成年家属。因拒绝接收而造成的损失，由被执行人承担。

第 262 条

财产权证照转移

在执行中，需要办理有关财产权证照转移手续的，人民法院可以向有关单位发出协助执行通知书，有关单位必须办理。

第 263 条

强制执行或委托执行

对判决、裁定和其他法律文书指定的行为，被执行人未按执行通知履行的，人民法院可以强制执行或者委托有关单位或者其他人完成，费用由被执行人承担。

第 264 条

迟延履行

被执行人未按判决、裁定和其他法律文书指定的期间履行给付金钱义务的，应当加倍支付迟延履行期间的债务利息。被执行人未按判决、裁定和其他法律文书指定的期间履行其他义务的，应当支付迟延履行金。

第 265 条

继续履行

人民法院采取本法第二百五十三条、第二百五十四条、第二百五十五条规定的执行措施后，被执行人仍不能偿还债务的，应当继续履行义务。债权人发现被执行人有其他财产的，可以随时请求人民法院执行。

第 266 条

对被执行人的限制措施

被执行人不履行法律文书确定的义务的，人民法院可以对其采取或者通知有关单位协助采取限制出境，在征信系统记录、通过媒体公布不履行义务信息以及法律规定的其他措施。

## 第二十二章　执行中止和终结

### 第 267 条

执行中止

有下列情形之一的，人民法院应当裁定中止执行：

（一）申请人表示可以延期执行的；

（二）案外人对执行标的提出确有理由的异议的；

（三）作为一方当事人的公民死亡，需要等待继承人继承权利或者承担义务的；

（四）作为一方当事人的法人或者其他组织终止，尚未确定权利义务承受人的；

（五）人民法院认为应当中止执行的其他情形。

中止的情形消失后，恢复执行。

### 第 268 条

执行终结

有下列情形之一的，人民法院裁定终结执行：

（一）申请人撤销申请的；

（二）据以执行的法律文书被撤销的；

（三）作为被执行人的公民死亡，无遗产可供执行，又无义务承担人的；

（四）追索赡养费、扶养费、抚养费案

件的权利人死亡的；
（五）作为被执行人的公民因生活困难无力偿还借款，无收入来源，又丧失劳动能力的；
（六）人民法院认为应当终结执行的其他情形。

## 第269条

**中止、终结执行裁定的生效**

中止和终结执行的裁定，送达当事人后立即生效。

# 第四编　涉外民事诉讼程序的特别规定

## 第二十三章　一 般 原 则

**第 270 条**

适用本国法　在中华人民共和国领域内进行涉外民事诉讼，适用本编规定。本编没有规定的，适用本法其他有关规定。

**第 271 条**

国际条约优先　中华人民共和国缔结或者参加的国际条约同本法有不同规定的，适用该国际条约的规定，但中华人民共和国声明保留的条款除外。

**第 272 条**

外交特权与豁免　对享有外交特权与豁免的外国人、外国组织或者国际组织提起的民事诉讼，应当依照中华人民共和国有关法律和中华人民共和国缔结或者参加的国际条约的规定办理。

**第 273 条**

语言、文字　人民法院审理涉外民事案件，应当使用中华人民共和国通用的语言、文字。当事人要求提供翻译的，可以提供，费用由当事人承担。

**第 274 条**

中国律师代理　外国人、无国籍人、外国企业和组织在人民法院起诉、应诉，需要委托律师代理诉讼的，必须委托中华人民共和国的律师。

**第 275 条**

公证和认证

在中华人民共和国领域内没有住所的外国人、无国籍人、外国企业和组织委托中华人民共和国律师或者其他人代理诉讼，从中华人民共和国领域外寄交或者托交的授权委托书，应当经所在国公证机关证明，并经中华人民共和国驻该国使领馆认证，或者履行中华人民共和国与该所在国订立的有关条约中规定的证明手续后，才具有效力。

## 第二十四章　管　　辖

**第 276 条**

特殊地域管辖

因涉外民事纠纷，对在中华人民共和国领域内没有住所的被告提起除身份关系以外的诉讼，如果合同签订地、合同履行地、诉讼标的物所在地、可供扣押财产所在地、侵权行为地、代表机构住所地位于中华人民共和国领域内的，可以由合同签订地、合同履行地、诉讼标的物所在地、可供扣押财产所在地、侵权行为地、代表机构住所地人民法院管辖。

除前款规定外，涉外民事纠纷与中华人民共和国存在其他适当联系的，可以由人民法院管辖。

**第 277 条**

书面协议选择管辖

涉外民事纠纷的当事人书面协议选择人民法院管辖的，可以由人民法院管辖。

**第 278 条**

应诉或者反诉管辖

当事人未提出管辖异议，并应诉答辩或者提出反诉的，视为人民法院有管辖权。

**第 279 条**

专属管辖

下列民事案件，由人民法院专属管辖：

（一）因在中华人民共和国领域内设立的法人或者其他组织的设立、解散、清算，以及该法人或者其他组织作出的决议的效力等纠纷提起的诉讼；

（二）因与在中华人民共和国领域内审查授予的知识产权的有效性有关的纠纷提起的诉讼；

（三）因在中华人民共和国领域内履行中外合资经营企业合同、中外合作经营企业合同、中外合作勘探开发自然资源合同发生纠纷提起的诉讼。

**第 280 条**

涉外民事案件管辖法院

当事人之间的同一纠纷，一方当事人向外国法院起诉，另一方当事人向人民法院起诉，或者一方当事人既向外国法院起诉，又向人民法院起诉，人民法院依照本法有管辖权的，可以受理。当事人订立排他性管辖协议选择外国法院管辖且不违反本法对专属管辖的规定，不涉及中华人民共和国主权、安全或者社会公共利益的，人民法院可以裁定不予受理；已经受理的，裁定驳回起诉。

**第 281 条**

外国法院管辖优先及例外

人民法院依据前条规定受理案件后，当事人以外国法院已经先于人民法院受理为由，书面申请人民法院中止诉讼的，人民法院可以裁定中止诉讼，但是存在下列情形之一的除外：

（一）当事人协议选择人民法院管辖，或者纠纷属于人民法院专属管辖；

（二）由人民法院审理明显更为方便。

外国法院未采取必要措施审理案件，或者未在合理期限内审结的，依当事人的书面申请，人民法院应当恢复诉讼。

外国法院作出的发生法律效力的判决、裁定，已经被人民法院全部或者部分承认，当事人对已经获得承认的部分又向人民法院起诉的，裁定不予受理；已经受理的，裁定驳回起诉。

**第 282 条**

涉外民事案件驳回起诉

人民法院受理的涉外民事案件，被告提出管辖异议，且同时有下列情形的，可以裁定驳回起诉，告知原告向更为方便的外国法院提起诉讼：

（一）案件争议的基本事实不是发生在中华人民共和国领域内，人民法院审理案件和当事人参加诉讼均明显不方便；

（二）当事人之间不存在选择人民法院管辖的协议；

（三）案件不属于人民法院专属管辖；

（四）案件不涉及中华人民共和国主权、安全或者社会公共利益；

（五）外国法院审理案件更为方便。

裁定驳回起诉后，外国法院对纠纷拒绝行使管辖权，或者未采取必要措施审理案件，或者未在合理期限内审结，当事人又向人民法院起诉的，人民法院应当受理。

## 第二十五章　送达、调查取证、期间

### 第 283 条

**域外送达方式**

人民法院对在中华人民共和国领域内没有住所的当事人送达诉讼文书，可以采用下列方式：

（一）依照受送达人所在国与中华人民共和国缔结或者共同参加的国际条约中规定的方式送达；

（二）通过外交途径送达；

（三）对具有中华人民共和国国籍的受送达人，可以委托中华人民共和国驻受送达人所在国的使领馆代为送达；
（四）向受送达人在本案中委托的诉讼代理人送达；
（五）向受送达人在中华人民共和国领域内设立的独资企业、代表机构、分支机构或者有权接受送达的业务代办人送达；
（六）受送达人为外国人、无国籍人，其在中华人民共和国领域内设立的法人或者其他组织担任法定代表人或者主要负责人，且与该法人或者其他组织为共同被告的，向该法人或者其他组织送达；
（七）受送达人为外国法人或者其他组织，其法定代表人或者主要负责人在中华人民共和国领域内的，向其法定代表人或者主要负责人送达；
（八）受送达人所在国的法律允许邮寄送达的，可以邮寄送达，自邮寄之日起满三个月，送达回证没有退回，但根据各种情况足以认定已经送达的，期间届满之日视为送达；
（九）采用能够确认受送达人收悉的电子方式送达，但是受送达人所在国法律禁止的除外；
（十）以受送达人同意的其他方式送达，但是受送达人所在国法律禁止的除外。
不能用上述方式送达的，公告送达，自发出公告之日起，经过六十日，即视为送达。

第 284 条

域外调查取证

当事人申请人民法院调查收集的证据位于中华人民共和国领域外，人民法院可以依照证据所在国与中华人民共和国缔结或者共同参加的国际条约中规定的方式，或者通过外交途径调查收集。

在所在国法律不禁止的情况下，人民法院可以采用下列方式调查收集：

（一）对具有中华人民共和国国籍的当事人、证人，可以委托中华人民共和国驻当事人、证人所在国的使领馆代为取证；

（二）经双方当事人同意，通过即时通讯工具取证；

（三）以双方当事人同意的其他方式取证。

第 285 条

域外被告答辩期间

被告在中华人民共和国领域内没有住所的，人民法院应当将起诉状副本送达被告，并通知被告在收到起诉状副本后三十日内提出答辩状。被告申请延期的，是否准许，由人民法院决定。

第 286 条

域外当事人上诉期间

在中华人民共和国领域内没有住所的当事人，不服第一审人民法院判决、裁定的，有权在判决书、裁定书送达之日起三十日内提起上诉。被上诉人在收到上诉状副本后，应当在三十日内提出答辩状。当事人不能在法定期间提起上诉或者提出答辩状，申请延期的，是否准许，由人民法院决定。

### 第 287 条

涉外审理期限

人民法院审理涉外民事案件的期间，不受本法第一百五十二条、第一百八十三条规定的限制。

## 第二十六章　仲　　裁

### 第 288 条

涉外仲裁与诉讼的关系

涉外经济贸易、运输和海事中发生的纠纷，当事人在合同中订有仲裁条款或者事后达成书面仲裁协议，提交中华人民共和国涉外仲裁机构或者其他仲裁机构仲裁的，当事人不得向人民法院起诉。

当事人在合同中没有订有仲裁条款或者事后没有达成书面仲裁协议的，可以向人民法院起诉。

### 第 289 条

涉外仲裁保全

当事人申请采取保全的，中华人民共和国的涉外仲裁机构应当将当事人的申请，提交被申请人住所地或者财产所在地的中级人民法院裁定。

### 第 290 条

涉外仲裁的效力

经中华人民共和国涉外仲裁机构裁

决的，当事人不得向人民法院起诉。一方当事人不履行仲裁裁决的，对方当事人可以向被申请人住所地或者财产所在地的中级人民法院申请执行。

### 第 291 条

**涉外仲裁裁决不予执行的情形**

对中华人民共和国涉外仲裁机构作出的裁决，被申请人提出证据证明仲裁裁决有下列情形之一的，经人民法院组成合议庭审查核实，裁定不予执行：

（一）当事人在合同中没有订有仲裁条款或者事后没有达成书面仲裁协议的；

（二）被申请人没有得到指定仲裁员或者进行仲裁程序的通知，或者由于其他不属于被申请人负责的原因未能陈述意见的；

（三）仲裁庭的组成或者仲裁的程序与仲裁规则不符的；

（四）裁决的事项不属于仲裁协议的范围或者仲裁机构无权仲裁的。

人民法院认定执行该裁决违背社会公共利益的，裁定不予执行。

### 第 292 条

**对不予执行裁定的救济**

仲裁裁决被人民法院裁定不予执行的，当事人可以根据双方达成的书面仲裁协议重新申请仲裁，也可以向人民法院起诉。

## 第二十七章　司法协助

### 第293条

司法协助原则

根据中华人民共和国缔结或者参加的国际条约，或者按照互惠原则，人民法院和外国法院可以相互请求，代为送达文书、调查取证以及进行其他诉讼行为。

外国法院请求协助的事项有损于中华人民共和国的主权、安全或者社会公共利益的，人民法院不予执行。

### 第294条

司法协助途径

请求和提供司法协助，应当依照中华人民共和国缔结或者参加的国际条约所规定的途径进行；没有条约关系的，通过外交途径进行。

外国驻中华人民共和国的使领馆可以向该国公民送达文书和调查取证，但不得违反中华人民共和国的法律，并不得采取强制措施。

除前款规定的情况外，未经中华人民共和国主管机关准许，任何外国机关或者个人不得在中华人民共和国领域内送达文书、调查取证。

### 第295条

司法协助文字要求

外国法院请求人民法院提供司法协助的请求书及其所附文件，应当附有中文译本或者国际条约规定的其他文字文本。

人民法院请求外国法院提供司法协助的请求书及其所附文件，应当附有该国文字译本或者国际条约规定的其他文字文本。

**第 296 条**

司法协助程序

人民法院提供司法协助，依照中华人民共和国法律规定的程序进行。外国法院请求采用特殊方式的，也可以按照其请求的特殊方式进行，但请求采用的特殊方式不得违反中华人民共和国法律。

**第 297 条**

申请外国法院承认和执行

人民法院作出的发生法律效力的判决、裁定，如果被执行人或者其财产不在中华人民共和国领域内，当事人请求执行的，可以由当事人直接向有管辖权的外国法院申请承认和执行，也可以由人民法院依照中华人民共和国缔结或者参加的国际条约的规定，或者按照互惠原则，请求外国法院承认和执行。

在中华人民共和国领域内依法作出的发生法律效力的仲裁裁决，当事人请求执行的，如果被执行人或者其财产不在中华人民共和国领域内，当事人可以直接向有管辖权的外国法院申请承认和执行。

**第 298 条**

申请人民法院承认和执行

外国法院作出的发生法律效力的判决、裁定，需要人民法院承认和执行的，可以由当事人直接向有管辖权的中级人民法院申请承认和执行，也可以由外国法院依照该国与中华人民共和国缔结或者参加的国际条约的规定，或者按照互惠原则，请求人民法院承认和执行。

**第 299 条**

**人民法院对承认和执行申请的审查**

人民法院对申请或者请求承认和执行的外国法院作出的发生法律效力的判决、裁定，依照中华人民共和国缔结或者参加的国际条约，或者按照互惠原则进行审查后，认为不违反中华人民共和国法律的基本原则且不损害国家主权、安全、社会公共利益的，裁定承认其效力；需要执行的，发出执行令，依照本法的有关规定执行。

**第 300 条**

**不予承认和执行外国法院作出的发生法律效力的判决、裁定**

对申请或者请求承认和执行的外国法院作出的发生法律效力的判决、裁定，人民法院经审查，有下列情形之一的，裁定不予承认和执行：

（一）依据本法第三百零一条的规定，外国法院对案件无管辖权；

（二）被申请人未得到合法传唤或者虽经合法传唤但未获得合理的陈述、辩论机会，或者无诉讼行为能力的当事人未得到适当代理；

（三）判决、裁定是通过欺诈方式取得；

（四）人民法院已对同一纠纷作出判决、裁定，或者已经承认第三国法院对同一纠纷作出的判决、裁定；
（五）违反中华人民共和国法律的基本原则或者损害国家主权、安全、社会公共利益。

**第 301 条**

**认定外国法院无管辖权**

有下列情形之一的，人民法院应当认定该外国法院对案件无管辖权：
（一）外国法院依照其法律对案件没有管辖权，或者虽然依照其法律有管辖权但与案件所涉纠纷无适当联系；
（二）违反本法对专属管辖的规定；
（三）违反当事人排他性选择法院管辖的协议。

**第 302 条**

**中止诉讼**

当事人向人民法院申请承认和执行外国法院作出的发生法律效力的判决、裁定，该判决、裁定涉及的纠纷与人民法院正在审理的纠纷属于同一纠纷的，人民法院可以裁定中止诉讼。
外国法院作出的发生法律效力的判决、裁定不符合本法规定的承认条件的，人民法院裁定不予承认和执行，并恢复已经中止的诉讼；符合本法规定的承认条件的，人民法院裁定承认其效力；需要执行的，发出执行令，依照本法的有关规定执行；对已经中止的诉讼，裁定驳回起诉。

**第 303 条**

**申请复议**

当事人对承认和执行或者不予承认

和执行的裁定不服的，可以自裁定送达之日起十日内向上一级人民法院申请复议。

**第 304 条**

**外国仲裁裁决的承认和执行**

在中华人民共和国领域外作出的发生法律效力的仲裁裁决，需要人民法院承认和执行的，当事人可以直接向被执行人住所地或者其财产所在地的中级人民法院申请。被执行人住所地或者其财产不在中华人民共和国领域内的，当事人可以向申请人住所地或者与裁决的纠纷有适当联系的地点的中级人民法院申请。人民法院应当依照中华人民共和国缔结或者参加的国际条约，或者按照互惠原则办理。

**第 305 条**

**涉及外国国家的法律适用**

涉及外国国家的民事诉讼，适用中华人民共和国有关外国国家豁免的法律规定；有关法律没有规定的，适用本法。

**第 306 条**

**施行日期**

本法自公布之日起施行，《中华人民共和国民事诉讼法（试行）》同时废止。

**图书在版编目（CIP）数据**

民事诉讼法：学习笔记版 /《民事诉讼法(学习笔记版)》编写组编. -- 北京：法律出版社, 2023
ISBN 978-7-5197-8463-8

Ⅰ. ①民… Ⅱ. ①民… Ⅲ. ①民事诉讼法－中国－资格考试－自学参考资料 Ⅳ. ①D925.1

中国国家版本馆CIP数据核字（2023）第206137号

**民事诉讼法：学习笔记版**
MINSHI SUSONGFA：XUEXI BIJI BAN

---

作　　者：《民事诉讼法(学习笔记版)》编写组
责任编辑：张心萌　王　珊
装帧设计：鲍龙卉
出版发行：法律出版社
编辑统筹：学术・对外出版分社
责任校对：裴　黎
责任印制：陶　松
经　　销：新华书店
开　　本：880毫米×1230毫米　1/32
印　　张：3.125
字　　数：59千
版　　本：2023年11月第1版
印　　次：2023年11月第1次印刷
印　　刷：天津嘉恒印务有限公司
书　　号：ISBN 978-7-5197-8463-8
**定　　价：39.00元**


---

销售电话：010-83938349　客服电话：010-83938350　咨询电话：010-63939796
地　　址：北京市丰台区莲花池西里7号(100073)
网　　址：www.lawpress.com.cn
投稿邮箱：info@lawpress.com.cn
举报盗版邮箱：jbwq@lawpress.com.cn
凡购买本社图书，如有印装错误，我社负责退换。电话：010-83938349

# 虚 XU

# 尘 CHEN

丁海龙 著

作家出版社

丁海龙，笔名：古月星空，汉族，甘肃临潭人。中华诗词学会会员、甘肃省诗词学会会员、洮州诗词楹联学会理事。作品见于《甘肃诗词》《学生天地》《甘南日报》《格桑花》《白银日报》等刊（报），入选《临潭有道》《洮州温度——临潭文学70年作品选》等选本，参编《洮州诗词·丁酉集》。

# 目录

## 第一辑　虚幻之音

## 第三辑　虚幻之光

## 第五辑　虚幻之语

# 第一辑

## 虚幻之音

这些天籁之音
足够引起我泉涌的诗情
在旷野，在天空

# 美仁草原

还未下起微雨
茫茫的草色里就挤出了湿润的空气

远处，暗云浮动
黑色的牦牛，款款挪步
此刻，清风微微
山峦重重，若隐若现

闭目。深思
我是遗落在尘世的芳甸
在云雾深处，仿佛马蹄脆响
哒哒朝我奔来

此刻，放下盈耳的琐事，放下尘世的喧嚣
我就是被清风吹出来的小草
以最渺小的身躯，吐露清香

# 月亮升起时

山水白了，指间挤出月光
徘徊的人，一定失眠了

风吹来，丁香花浓郁的香气深入骨髓
我忽然想起了某个夜晚，那一句甜蜜的问候
从十万里外传来，多么像爱人的呼唤，绵绵不绝

我的那匹红鬃马，正系在月光中的桂花树下
香甜地咀嚼着飘过的影儿，前世他一定是个英俊的王子

## 晨　雪

足迹未点，这张白纸任谁涂画
一辆车、一个人……逐次映入眼帘
之后，喧嚣渐渐登场

凌晨三点失眠于床榻的我
是第一个隔窗听花的人吗

从山麓到山巅
从白昼至黑夜
东风吹拂着柳枝叮当作响
心尖的桃花，次第开放

像星月神光百般柔和
微风踏过清波，桃花芬芳

暮色里，从一弯，到另一弯
一年隔着一年，似乎等待也是一种修行

桃花肆意开了，有人欣喜若狂
有人满目忧伤，而我，一个红尘过客
从南山走来，独对桃林，望眼欲穿

# 每一个清晨，都有鸟语盈耳

寻一个好去处，最好有清泉流瀑
有竹筏小舟，山间红花
云雾缭绕处，神仙对弈——再来一壶老酒就好了

在明月清风里，搭一间小小的竹屋
可论道，可饮茶喝酒
每一日醒来，都有鸟语盈耳
这多么幸福，干净地活在这个世界上

# 你是一股清流

你是一股清流
从青石上、青松间、明月下缓缓流过
吻着十里香草
若梦一般甜蜜而愉快

鸟鸣投下脆音，望着圈圈漪沦
与翠色的云相拥在碧绿的镜子上
淡若画，画中映着你今世的爱人

月光打在树枝上，滑落在水中
美丽可爱的姑娘
聆听散仙的私语

醒着，或许正如睡着一般安静
花落声越过岁月的梁头，恰若千年的忧伤

# 雪地跫音

此刻东方破晓，晨光熹微
隔夜的梦已经遗忘。窗外的跫音
踩出新年的节奏，“吱嘎，吱嘎……”
从远至近，再从近至远

像一只多情的山雀
把一片坚硬的土地，走成一段缠绵悱恻的爱情

那些远去的声音，孕育着草香
打在心上的浪花，是一轮隐隐的月亮

# 水之媚

久久凝望你三十年
那般赤诚，可你却不解风情

杨柳岸晓风残月
我是醉在那滔滔江头的柳三变吗

孤鹜未见，却逢落霞
铺满浩浩江水，高一声，低一声嘶叫

写尽残阳里一阕小词
浓墨里挂着一帘最美的相思

我来也好，不来也罢
任岸上惠风一吹
仿佛看见了你前世的风采
这注定我得了不可救药的相思

# 远　山

我看不到你
在云雾迷蒙的一个上午
那些长蛇或白龙
紧紧地缠绕着你青色的腰肢
而高高的白桦和松柏
略显出娇娇的媚影
晃动在白云之下
可望而不可即，唯有在数十里以外
静静看着你的眉黛

阳光透过云层，矮矮地压过来
我们被笼罩在金光之下
这东亚细碎而明朗的阳光
正悄无声息地给予我们更多的温暖

深深的沟壑，古怪的石头及树木
在光明里，在阳光的照耀之下
她们把远山衬托得更加富有诗情画意

纵横天下，这是潘天寿、关山月的画作吗
不然这线条的勾勒，怎么如此鲜明

远山不远，在跳动的心间
在晚夜的梦里
在一切富有理想者的眼里及哒哒的跫音里

# 细雨点荷塘

宣纸铺开了，静静的
远岫静静的，荷塘静静的

细雨来了——
涟漪圈圈，细雨点荷塘
这支纤笔啊，正点在我的心灵之上

是勾勒出半池荷花的媚态吗
蜻蜓不来，蝴蝶不来
唯有芬芳在，翠叶在
细雨在，我在

## 野桃花

春风拂面，山坡之上满眸尽是野桃花
艳丽成云霞，仄仄的山道通向铺满花香的路

十里、二十里，都缀满相思的云朵
停下脚步，让一缕又一缕的春风
吹皱你的衣衫，把你的目光锁定在
一树又一树的野桃花上

那轻轻摇曳的花朵，一若仙姝
玉影翩翩，蝴蝶一样柔美而温情

若醉于此，那么就深深醉在
这十里野桃花之上，待着月亮慢慢爬上来
爱上这里，爱上故乡的山和一树一树的野桃花
而这些，定给予我最瑰丽的想象

## 初春，落下凉薄的雪花

从睡梦中醒来，掀起泛黄的帘子
微微鸟瞰，或极目远望
白色的雪，映在我惺忪的眼睛里
缓缓蠕动

晨光熹微，我的内心里横竖起银装素裹的江山
请容许我一人静静幻想
白玉、耕牛、粮食、溪水、梨花

村庄的炊烟是青色的，赫然的
在这雪国里，自由地来去

苍山无须锁翠，白色紧紧贴在
经岁月打磨的脸上，神似一贴面膜
春天的山峦啊，正需要这样的滋润

一只鸟，缓飞过矮矮的小树
飘落在枝丫间，顷刻她也被雪花所吞没

此刻，远山传来一声鸣叫，仿佛世界醒了
淙淙的溪水，清冽得如同翡翠

## 与一棵树的对视

秋风习习，街道上空无一人
掠过天空的鸟比白云更加寂寞
寂静的山影，且与黄花孤守着一方荒冢

坐下来，坐在枯黄的草堆上
用我枯瘦的手掌
挤压着草香。而此刻，没有爱，没有恨
只觉得，天空比我想象的更远

与一棵树对视
便了悟了一切
来与去，生与死
足以震撼人心

她那样生，生得蓬勃向上
她也那样死，死得悄无声息
她也碌碌无为过、疼痛过、得意过
……
这与我何其相似，那样来，又必然那样去

## 雪花，雪花

恍如隔世的梦，踏着动情的歌谣
我来到北国的一座小城

小城的车很慢，人的脚步也很慢
在雪花覆盖的小城里，我的心也随之慢下来了

白昼的思绪，与积攒多年的情话
也被一杯酒，抑或一盏苦茶打开

日光微微，雪花飘落，在甘南一带
正营造着一个奇异的梦境

在漫长的时间索道上，我充满着期待
在无瑕的雪景里，我充满着期待

# 一月短章

## 1. 坐在云端的女子

在一支笔熟睡的片刻，我涌泉似的思绪勾勒起一个江山
美貌若玉的女子，坐在高高的云端，云雀一样悠然自得
雪花落下来，乌鸦的羽毛一夜就白了

坐在云端的女子，多半冷若冰霜，因为总看星斗与日月
鸟瞰不了大地的苍翠及河流的蜿蜒
她站在虚荣的金字塔上，偶尔望见了尘世的烟火

## 2. 雪花

瑞雪兆丰年，那盈盈的秋波，似乎望眼欲穿
卸下去年的疲倦，听一声鸟鸣
就缓解了我半生的疲倦
酒里含香，每一缕都深入骨髓，拨动我诗意的琴弦
飞来的琼玉，似乎是那舞池楚楚的寒宫仙阙里飘出的鹅毛
万朵花玉，点缀起这美丽的世界

## 3. 云朵落在了大地之上

亲爱的，请推开窗户吧，你看，满树的梨花开了
想必春天的脚步就近了吧
那满山的毛桃花，是最先开放的
芬芳馥郁，飘进我的小家
那时，我们感觉阳光足够暖和
高山之上，雪花已经荡然无存
玉骨损尽，便滋润了一地的芳草
在那时，你一定会为一个倩倩的少女动情
她是有云一样的颜色

## 4. 云雪

六处，洁白如云朵
她们是天宫摔碎的玉盘，不幸落入茫茫的尘世
她们有的落在大海里
有的落在柳梢上
有的落在草丛里
有的落在美人长长的睫毛上
甚至落在游子碗口大的心里

她落在画家的笔上，赋予顽强的生命力
落在诗人的眼睛里，于是浮想联翩
她时刻冰冷着，见不得热情
她永远是一个白色的冷美人
她有着梦一样轻盈的舞步
当你发现她已来时，已无法走出她为你设置的陷阱

## 水里的花

滋润的已经达到尽头，要开败了
那么一枝幽艳的花朵
最终，逃不脱命运的折磨
路过的人
惊讶地指着
那片片的残红

## 甘南当周草原

当车子缓缓停下来时
我就看到了那撒满着黄花的当周草原
细雨点微飘着
远处，云雾迷蒙

此刻，我的心就开始明亮起来了
只感觉，到处是醉人的清凉
及流淌于内心的绿色河流

次日，阳光细碎若散在河岸的沙粒
飘落在茫茫的大草原上
湿润的土地，衔起微弱的光芒
在草原上，当你闭着双眼
就感觉到世界大了
自己小小的内心，顷刻，也变得越加宽敞
满眼的翡翠，贴在无边的大地上
好像在睡梦里，飘起绿色的瀑布

# 黄捻子

当车抵达黄捻子时，阳光似乎更加明媚了
远处的红桦林和苍松之上，落下斑驳的影子

鸟语清脆，碧水潺流，我的心就回到了魏晋的田园
走在林荫道上，那种久违的凉薄渗透在我的心底
我就想起竹林七贤，和那些隐居高山的历史大贤

在黄捻子森林公园里，沿着石板桥，缓缓爬行
多像，与这万千的树木对语

好吧，我悄悄地走在曲折的小径上
厚厚的苔藓覆盖在大地上，湿润的石头上
挂满我那可爱的红桦及无名的小树
站在她们的面前，或坐在她们的中间
仿佛我也是一棵小小的红桦树，正吮吸着雨露
沐浴着淡淡的阳光

石头连着石头，树木牵着树木
那么，就让今夜的月亮和星星
给予你们爱情的见证吧
而我，愿做一个小小的祝愿者
挂满灿烂的微笑

此刻，我满腹的语言
化作一缕风，荡在林木间
只愿，倚树听取天籁
愿天籁，洗净我污浊的耳朵

当跫音临近栈道
我的心跳就随之慢下来了
一步又一步，缓缓而下
在曲折的栈道上，抚摸着巨大的石头
和那美丽的红桦树，内心的莲花就盛开了
驻足，只愿淡忘那些琐事
只愿，看绿云缭绕和青烟飘荡

# 小憩随想

当心静下来时，窗台边的葡萄藤
在时间的屋檐上慢慢爬动
我懂得时间快了，柔嫩的叶子
上面绣满金色的阳光
在藤椅上，一杯茶
足以品一个下午
半翻开的唐诗
泛起淡淡的墨香
此刻，我想写诗
似乎要开始摊开我的话题了
清风里一枝妖艳的花朵
倚在树杈的三分之一处
呆呆的若一个美丽的女子
眼睛明亮，思想单纯
好吧，浪漫的气息滴滴答答地游在我的心湖间

哦，一支烟，一支笔
半叠稿纸，就在一刻钟里
绣起了盛唐的气象
毛驴出不了笔
小家碧玉藏匿在丁香花里
而我，随着意识的流动

一句又一句地
写出我小小的世界
而这里面，充满了
阳光，食物
与一个娇媚的红颜
这些，就足够了

## 绿旋风

风是绿的，不信你问问缕缕青烟
问问水草，问问飘香的豆麦
这些被绿风染醉了的一切
在金色的阳光下，正尽情地哼唱着一支歌谣

她们的脚步轻如云彩，悬在生命的际涯
在旖旎的天色里，紧挨着娟然如拭的柳枝
是用最温柔的声音呼唤你吧
那些美到极致的声音，把骨头化软，宛如春浆的四肢

水波上掠过一只飞鸟，水面映着漂亮的羽毛
四月的绿映照着女郎们的双眸
明亮如珍珠，翡翠一般悬在大地之上，皮肤染绿的大地呀
生在绿色丛中，犹如一尾小鱼游弋于万顷碧波之上

# 又见春雪

昨日的雪迹尚存，今夜又飘起了雪花
这广袤的大地，被湿润成一片银色的世界
如果你爱上这里，就一定会爱上这里的江山
甚至会爱上一只雪中漫步的麻雀

如果一场雪，能够覆盖掉自己前世今生的忧伤
那么，就让我跪拜在这茫茫无际的雪地之上
在愤怒的风里，把自己洗涤得更干净

## 昨夜落细雨，花落有残痕

绿池塘，那些高挑出水的红莲
这一对待嫁的新娘
昨夜，我路过

我笑翻了一对灯光下开怀的酒杯
当然，这跟朋友有关
跟一大堆欢心事有关

行人的足迹，画下音符和蝌蚪的梦
有澎湃的诗情画意吗
可否留下多情者的想象
只觉得，昨夜有细雨，花落有残痕

这无须证明，只需幽梦于此
勾勒青石与落花的存在
只需软风附着莺歌
过客的马蹄留下芬芳

## 今夜，落雪又落雨

百里之内，高原顿时寒冷起来
似乎乌云带着琼花，微雨裹着轻寒

雪，打湿我的黑头发
雨，淋湿你的眉尖

在甘南，你一路走来
这县雪花飘飘，那县微雨缠绵

今夜，我不愿想起任何人——
我只愿双手合十，在车流与落雨声里
静静地打坐，衔着一盏灯，借着一杯茶
——什么也不问，什么也不管

## 这一日

醒来了，阳光像暖暖的手
抚摸着你——嗨，这一日总算是开始了

如果去山上踏青，就应该带上云的心情
或许山川似画图，这一日，就像清波荡着你
小小的胸口——沁人心脾

当心灵静下来时，我们更多地在想
生活的悲苦与短暂的快乐

每一个驿站，都点满灯盏
我们不停地跋涉，不停地经历
其实，若再过几十年，或许就看尽了人世的沧桑与繁华

许多应该说透的，却不忍说透
人生——需要参悟

# 起风了

起风了，朝阳下的那片青青草
泛着金色的光芒
像暖阳点在绿波上那般欢快

此刻，在北国的某地
虫儿尚未歌唱
她们也会匿迹，像我多年前捉着迷藏

或许，起风了，她们蛰伏于洞穴之中
也不愿发声，她们也交流，也哼哼清唱
可是，我们什么也听不见

起风了，大街上的人，匆匆来去
可是啊，有谁会驻足
放眼于此晨的春柏绿，夏花红呢

她们被风吹得胆怯，吹得蜷缩着
甚至懦弱着——

## 那些云朵

经历了严寒酷暑，就看淡了人世的一切
当一个人沐浴着温暖的阳光，斜卧在芬芳的花丛中时
仰望天空，我就看到了你美丽的脸庞

高高飘浮，若鳞片、若羽毛、若我遗忘的忧伤
千百年不变的容颜，独守我一世的沧桑

把自己压得更低，是为了把你看得更高
爱着你，在披满暮色的森林里
在明月清风里，在我跳动的心房之上

# 听听雨水

经历了长途颠簸，从兰州到达我的故乡时
已经临近黄昏，疲倦已经涌上心头

一路微雨，淅淅沥沥
似乎诉说着千年万年的心事

当我抵达故乡时，仿佛太阳已经离去
在七月，周围的一切似乎与夏日那些记忆
格格不入

这多雨的甘南，狼毒花起舞的甘南
这牛背上驮着云朵的甘南啊
在一场微雨里，让我看到不一样的故乡
她正欣然向我们走来

## 东风不远

每到暮色降临，我就想起了东风
想起了郑愁予那首《错误》：
“东风不来，三月的柳絮不飞”

那些必然要来的，需要冲破尘埃
那些葳蕤的树木，需要默默地期待

东风不远，却不能目之所及
东风不远，时间煮酒里
微露着，在河流的彼岸

# 阳光里的微笑

风更缓慢了，似乎要停下来
小憩于城墙上的枯草
开始舒展自己的躯体，柔软成云
哦，阳光下的万物，正笑容满面地迎接着新的一日

躲在被窝里的忧伤者，正整理着衣衫
准备享受一日的阳光。仿佛阳光能驱走黑暗
以及那些云翳，他们顷刻得到了神的指点
前方豁然开朗，熠熠生辉

所有的一切，都在阳光下欢笑
金色的微笑里镶嵌着自信与力量
甚至藏着对美好生活的憧憬与向往

## 在雪夜

在雪夜，斜躺着
隔着窗户，还能听见夜行者的跫音
吱嘎，吱嘎，吱嘎……
像极了沉痛的叹息

我不愿听见这么惨痛的声音
但又能如何避免呢
风从窗户缝隙里挤进来
给予我寒冷的问候
多少年来，它从没有微笑
当然，我也习惯了
习惯了这样的生活

在这雪夜里，我本想写下彼岸
那些浅浅的水、浅浅的人儿、浅浅的故事
可是啊，又是那样遥不可及，使我的记忆开始模糊
最后竟然握不住时间的沙

甩在背后的是温暖，还是苦楚
此刻，我无言以对，唯有沉默不语

# 听着鸟鸣醒来的人

他习惯于过着自己的田园生活
他把自己想成一位隐士
朋友不多，二三足矣

他愿意听枝间滑落的鸟鸣
一若母亲年轻时清唱的歌谣
婉转而深情
感化着每一块石头与每一条河流

可是多少年过去了，他的子女带他入了城
于是，他再也没有听到那般美妙的天籁之音
再也没有享受到旖旎的田园风光
他在短短的几个春秋里
甚至在黑夜里，偷偷流泪
月光凉薄，偷窥到了这一幕幕的惨景

他抑郁了多年后，在一个嘈杂的早晨
走完了他的一生

在那个世界，他梦见自己又重新走向故乡的土地
黑色的、温暖的土地上

蚂蚱在弹琴，小鸟在歌唱
他用带露的镰刀割着饱满的麦粒
用锄头卖力地刨着热乎乎的土豆
他感到一种无名的幸福与力量

# 小　屋

筑个小屋，明亮而通风
有足够的食物与水
能够裹紧我饥饿的肚皮

清晨来一阵鸟鸣
从山顶滑下一股清流
那是自然明亮的眼睛

这间小屋远离喧嚣
足够安静，足够美丽

这里面装着快乐
装着知足常乐的生活态度——
这些我就足够了

## 白云天

多么渴望，每一日都伴随着白云
没有暴雨，充满了明净与旷远
惠风和畅，每一次出行都是一次美好的记忆
写进心里，写进梦里，写进后半生的笔记里

每一条河流都有一颗明亮的眼睛
每一棵树都苍翠欲滴，自高处落下
绿色的瀑布，溅起的水花，绣成绿色的云彩

在生活的琐碎里我们不停地张望
在匆匆的脚步里
遗漏了多少这样美好的时光
只有云知、风知、山知，唯我不知

## 深夜里你是幸福的

晚风荡漾，乌云里一轮明月
波光里一轮明月
随想起，余光中的诗
使我饱含诗情

在凄美的秋天，懵懂地想起
青黑色的山，青黑色的树
冰冷的月光，一万年的月光
洁净若莲的月光，贼白的月光

在深夜聆听，那些故事
秋风里一株美丽的白杨树，迎着最明亮的星
缓缓摇曳

微笑的鸟，睡眼惺忪的鸟
抖动翅膀，斜飞过最冰凉的水面
一切是朦胧的
若梦、若云、若雾

# 那夜，我听到神的对语

东风初来，米花未放
寂静的大地上零星地点缀着东倒西歪的枯枝
那时，在遥远的天边，暗云涌动

夜来了，风掠过，沙沙的响声分明是我前世的叹息
有种恍惚，便听见神的对语
遥远又遥远，直击内心的是
一种无名的过瘾
一种幸福的叫喧

# 第二辑

## 虚幻之秋

任秋声盈耳
任秋韵成诗
清晨
每一滴露水都含着无尽的希望

## 黑色的秋天

黑色的秋天，来了又离去
黑色的草、黑色的土地
那些歌声，带着黑色的翅膀
沉沉地飞来飞去，绕过黑色的树

在绝望的生活里，黎明破晓的曙光啊
可否点亮我黑色的眼睛

百合花枯萎了
玫瑰疼痛的手掌，再也捧不起那些星光
梦里的河水枯竭了，乱石望着黑色的人群
到处是熙熙攘攘的影子

回首：立冬在即，大雪纷纷
就让我封锁我的前世今生
悄悄地，画地为牢，度我一生

待明年桃花开、梨花白时
我敏锐的目光，掠过高高的山冈
在微微的白云下，满目青山

此刻，我是山间的那一根草

在花丛里迎风高歌
那刻，又会有多少憧憬
像一朵又一朵的花，落在我小小的心灵深处

## 九月九日

最怕登山，怕满山的叶子
染红我的衣服
这样我的爱人就寻不到我了

那些缘分，最终被时间的浪
渐渐打湿，以至于使我
永不寻见那朵高高的云

我怕，秋风里潋滟的波光
映着秋叶，半亩方塘
一剪低飞的燕尾

我怕，茱萸插不遍青丝白头
留下遗憾，留下我内心浅浅的感伤

九月九日，花朵芬芳
登山、饮酒、思亲
天上一轮明月
心中一轮明月
满满是清风冶影
桥下绿波浅唱

## 忧伤地走过洮河河畔

迈着沉重的步子，此刻，天空云翳沉沉
细碎的沙粒，铺满河岸

在深秋的大地上，冷绿的杂草
黑森森的，含着露水，期待着阳光

而我，就这样，慢慢走过每一块土地
混浊的洮水啊，呜咽成歌，含泪远去

那一朵浪花，我写不出如云锦一般美丽的诗句
凫水的孩子不见了，饮水的老牛不见了

我在洮河河畔，静静地走着
心头泛起莫名的忧伤

而我，似乎更加苍老了，三十年里
我目睹了洮河的变化
此刻，我想说的太多了
止住泪水，止住内心的忧伤
在偌大的太空之下，我感到世界之窗
灰暗而又遥远
回首过去，哽咽不止的灵魂啊

再也回不到那年，那月——
油菜花正开得艳，蜜蜂飞来飞去
我们牵着手，徜徉在曲折的小径之上

# 暮秋最后一夜

那些该说的话，似乎还残留着珠玉的光芒
又仿佛探入花丛，芬芳馥郁
暮秋最后一夜，伊人，就把那些藏在心底的话说出来吧
蓐收快要走了，这犹豫的神明

爱着那些飘落的黄叶，像悲伤的哭泣
可是，之后，更无眼泪
这个满载而归的神明，即将阔别于我们
那么，伊人，请坐下来，不要仰望星空
因为在多雨的北国，星斗隐藏于云彩之上
呵，这些已不再重要，此刻，我们要
静静的，彼此思念，把手放在手上，把心交织在一起
想着——
垂柳弯弯的辫子，花朵甜蜜的脸庞
碧水青山不改，乡音像云一般轻，又那般柔

# 麦　浪

有多少幻想，就有多少种幸福
站在秋风里，当带露的镰刀割完一阵麦香
东边的月亮就爬上来了
多像一个羞涩的姑娘
缠着薄云纱，唯美而动人

可是啊，金色的麦浪
在晚风中，跳跃着，翻滚着，叫喧着
一层浪，一层浪打过去
最后匍匐在神的脚下
又显得格外寂静

那些饱满的颗粒，探出小小的脑袋
在赏秋月，沐秋风，看我一年的辛劳

麦浪，若一片幸福的叫喧
又若一首情歌
唱出了幸福与喜悦；吡吡的
给人以最美的幻想

## 在秋雨里

沉雾裹着远山，细雨点坠落在花前
梦里那些艳影远去了吗

今晨，青涩的果实衔着露水
街衢之上，是比死亡更加安静的土地

在甘南的某个村庄
秋雨一声又一声压碎了勇敢者的想象
破碎又破碎
所有露水带着欲望，湿润着大地
内心的那片湖渺渺且朦胧了

若痴爱这里，你会感觉
每一日，水波温柔，花木虫鱼跟我一样幸福

秋雨里，最好待在陋室
把自己的心放逐出去
祖国美丽的河山，涤荡着我灵魂的污垢

在秋雨里，一层又一层地拨开
你思念的琴弦，这何其快哉

# 把自己埋葬在秋叶里

也许累了，一叶扁舟再也载不动满腔的愁绪
看着层林尽染，漫江碧透
掩卷的相思被秋霜打湿
月下的洋槐树，娇影颤抖

一轮明月，再也载不动畅思了
姮娥走了，吴刚也走了
冰冷的月宫，留不住美人香腮

一朵凄美绝艳的桃花，在冰凉的秋风里
慢慢匿迹。可是，我要说，明年
春风里……

## 秋天了

秋天了，月影凄凉
在北方，寒意甚浓

我们卸下单衣，在茫茫的大地上
来回走着，看天高云淡
把秋天的光影，蕴藏在笔端
只要诗情在，就能引动我内心的潮流
把红叶别上胸口，任白云远游

花落了，明月里一棵月桂
清影潺潺，多么遥远啊

秋天了，我在写诗
每一句都是颤抖的露珠
缀满花，缀满草，缀满星空

夜深了，把自己葬在书卷里
泛白的纸章，再也觅不到一粒诗意

# 八月，麦子熟了

八月，这健忘的头颅
盛满七月末的余温
在高原寂静里
抒写我一腔的离愁别绪

马匹睡了
美人们睡了
日月星辰也睡了
河水嘶哑了
梦里走来的都是虚无的花朵

此刻，见到了
昔日颗粒饱满的麦子
那泥土里钻出的麦秆
撑着最为鲜活的生命
喂养饥饿之胃的麦粒
给予我最真实的抒情

八月，甘南一带的麦子熟透了
麦芒坚硬，颗粒芬芳
她们与我一样
作七月末的最后抒情

把土地还给土地
把天空还给天空
把仓库还给仓库
而那些可爱的麦子呀
我忘不了她们的样子
站在八月的田垄上
四面风在吹
麦浪滚滚，倩影里走来的是我遗忘多年的情人
蝶步如莲，风骚万般
那么，我将与麦地一起
在瑟风里
作最后的抒情

# 走丢于十月

写一匹马的野性
那么，在金黄的土地上
你必须走出自己的内心
在十月，撤掉一切笼罩的物什

旷野里一株熟睡的野菊花
古铜色的皮肤里藏着芬芳
马匹驰骋的场景
多来自影视剧本
鲜明的骨骼
温柔的眼睛
若抓住
在一日的太阳下
那撇开怀抱的小柿子
在天空中央

而这，心内的火苗
被时间的烈火点燃
大地铺满白银的亮光
素洁而颇有寒意

走丢于十月

完全地走丢
不属于自己
才能界定好别人
连同一株今年开败的牡丹树
也被打上富贵的标签

# 十一月的天空

十一月的天空
明净而旷远
那醉人的湛蓝
像擦拭过的玻璃瓶

雪覆盖在旷野上
冷风吹来，像飞驰的麋鹿

把梦想写给蓝天
把心声诉于蓝天
最好，把生命之帆驶向大海吧

## 在秋水最凉处

若我，赶在正值夕阳晚照壮美时
渡过那条河，在秋水最凉处
突然发现了一尾小鱼
快乐地在水中游来游去
那么我会叫道：她一定是待我而来的
我对视她犹如欣赏那些缀满玳瑁的王冠
并且欣然地看着她缓缓游去的娇影

这定然是快乐的，犹如我在水波上
瞥见了凌波仙子温柔的眼神
把她描画得细腻而富有个性
灵动而蕴含哲义；在十月的寒秋里
秋叶卷曲，我思念这些。或许在春天的
某个黄昏里，梦到诸瓔珞中盛满桃浆
哦，那些远去的，不只是那尾小鱼
还有那些如过眼烟云的小欢喜，小激动

# 七　夕

秋夜薄凉如剑
葡萄架上的明月跌落一地
掌灯的酒吧打烊了
我们静静地待在七月的天空下

今夜，我们欣然仰望着苍穹
鹊桥相会的日子来临了

可是，黑云笼罩了明月
晚风拍打着密林

此刻，我想，牛郎一定喝醉了
织女一定出轨了

我们久久地等待在黑蝴蝶般的夜色里
默默地
谁也不理谁

## 我情愿这样

我情愿这样
一个人静静地坐在咖啡厅里
呆呆地斜躺在沙发上
一句话也不想说
犹如梦里那朵丁香花
任狂风怎样吹拂
也打不开那相思的心扉

一个人，犹如一朵花
可是一朵花代表不了春天

三十年了，犹如一株蓬草
风吹日晒，面目全非

## 秋　夜

晚来的灯光若霜、若今生一场最美的梦
落在我的心上。爱上这个秋夜——
那些虫儿嘶哑的歌唱暗下去了
在心尖上却升起一轮圆圆的月亮

秋夜里，一壶酒，反复啜饮
一杯茶，也伴着响彻心扉的忧伤

那些花醉了，埋下头
那些树一定累了
灯光之下，露出婆娑的影子
恰似经年的梦魇
流淌着揪心的疼痛

来的横竖飞着
去的苦笑去着

在秋夜里，附着一阵风
听着一场微雨，仿佛
那些裸露在荒野的生命
布满血丝，正飞向死亡

## 秋天，这秋天

时间是永远贿赂不了的——
那样光艳的一幕
说着，就到了这个末季——
多少也有点悲凉
当年那些硕花怒放争艳
至今日，已归入尘埃
她们的倩姿，或者艳影
都被秋风杀戮在某个时间点上
似乎连一点呻吟也未曾留下

秋天，这滚滚的河流终究要
流向一个不知名的国度
而我们呢，把一些辛劳而得的物质
理所应当地存入日子里——
我们浅笑着，这短短的年华里
那些引动诗情的东西
我们也遗憾着，那些流走的时光
不曾返回

## 坚果的秘密

你走进我
或吃掉我
你依旧不会知晓我内心的秘密
一片柔软的心事
一颗多情的种子
一株未开花的小小树
你看我淋了多少雨
吹了多少风
若打开我
了解我
请把我扔进土壤里吧
你一定会惊喜地叫出你真实的想法

## 黄　叶

林荫道上，黄叶遍地
那些尸骨未寒的魂魄，发出悠长的叹息

把每一片叶子小心翼翼地捡起
并写上我的名字
写上那些搁在心底的情话与祝福
写上欣然与忧伤，之后，一片又一片

放飞这些黄蝴蝶，像辞别故友一样使人留念
我希望啊，明年的春天
她们一定会在我的视线里跳舞、唱歌
我认识她们，正如她们认识我一样

## 那一日，我踏霜而来

没有顾虑路途遥远，我翻山越岭
没有疲倦；当晨光熹微
那满山遍野的早霜啊，涂满残绿少年的容颜
西风里，一朵又一朵的花枯萎了
像经年的皱纹，没有水分，更显沧桑

已经记不起多少个日夜
把自己搁浅，那些必然来临的忧愁
像美丽的云翳，布满我小小的天空

屋子里炉火正旺，刮舔着陈旧的记忆
一床、一椅、一盏茶、一个人

# 第三辑

## 虚幻之光

在时光的洪流里
那些往事灿若琥珀
需记忆，需珍藏

## 那些隐隐的桃花

那些隐隐的桃花
沾满了阳光和雨露
风一吹，便挤出了芬芳

云霞一样灿烂，火焰一般温暖
明月清风也偷偷地撩动着她们的舞裙
那些秘密，被掩藏得很深

当我们像一只敏捷的小鹿
飞过那些栅栏
或许，那些隐隐的桃花
不知向何处开

其实，我们早已习惯了
她们招摇过市
习惯了她们冶艳的面孔之下
爬满了不尽的夜色

但我坚信，会有一树桃花
像一片洁净的月光
打在我恬静的脸上
落在我澄明的心间

# 春　雪

似乎没法比喻，在我词穷的脑海里
唯有素影飞飞
像一场美妙的相遇

就这样，伫立于春风拂面、百雀歌唱的高原
就这样，对着一座熟悉的山和一条朦胧的河

启唇露齿，每一声呼唤都是你的名字
那屋檐上的跫音，云树间的挂痕
大地上的点缀
每一片是你——
坠落天空的小云朵
疯狂奔跑的棉花人

在一望无垠的大地上
琼花漫舞，书写青春之歌
这奇妙的梦境，这欣然的抒情
一片接着一片，融化了，又融化了
但不灭的是坚定的信念和执着的追求

# 在没有月亮的晚上

在没有月亮的晚上
尽管北风劲吹着路旁的荒冢
但我喜欢孤独地漫步于
一段凹凸不平的乡间小道
在北风里，裹紧我单薄的衣衫
梦想星光照耀下的故园
青青的草、妖艳的杏花
站在枝上的布谷鸟和那诗意般浓烈且苍翠欲滴的麦苗
我都虔诚以待

爱上故乡，就爱上了许多朦胧的场景
爱上泥土、爱上田野、爱上高山……
这些，把我灵魂紧紧抓住
爱着，爱着这些诗意的田园
爱着沾满泥土的胸襟
爱着缀满云纹的天空
爱着自己，也爱着别人

# 沉　默

愿沉默不是懦弱
而是一种修养

朔风鼓噪，打伤伊人的脸庞
腊月的乡道，被胭脂水粉涂抹成一道忧伤

期盼沉默里有着百花的芬芳
期盼远岫之上挂满黛色的云
——有力量、有自信、有希望

那些马匹
驰骋疆场，承载了多少英雄梦
而终归化作尘土，酒杯里盛放着一座江山

无数次于梦里，隐隐约约
听见了厮杀之声，火炬高举的英雄们
流血的士兵，在暴雨或尘埃里奔走

今天，沉默的马匹之骨
滋润着野花与乱石

多少年过去了，被奴役的马匹
马鬃失色，在如海的人群里，挤出了几滴眼泪
英雄的世界里，少了些故事

# 霜　花

寒气直逼内心深处，唯有围炉赏雪、品茗
设法将时光拉长，就不知不觉踏到了傍晚的翅膀
于是，我们像往日一样地铺平身体，做梦

清晨，玻璃窗也苏醒了，咯咯地叫着
手持花朵；纵横交错的影子
在每个欣赏者的内心
被贴上寒冷的标签
等她们散去，正值阳光灿烂
一对对鸟儿横飞过屋檐

换个角度观赏，她们就被玻璃霜花
嵌进去了
那些霜花上的房子，随着阳光的挪移
她们搬家了。土地陡然一片辽阔
若来，我要早早住进去，那栋新房
窗明几净，春色欲动

## 落雪的早晨

沿着星星遗留的光芒，我就出发了
一张大白纸上写下诗文
和画下一幅游冬图

枝丫随风飘动，红旗猎猎
雪地很静，风刮来犬吠的声音，呲呲响着
世界很白，胜过老爷子的胡须
柜里的面粉唰唰作响，马上要杀出来了
妈妈的手挥动了几下，我似乎听到饺子翻滚的声音

雪地里，一片白茫茫的
野鸡跳到树枝上，觅食干瘪的野果

落雪的早晨，车辙深浅不一，通向黄昏
那数不清的音符，见证了一抹辉煌
此刻，打坐享受，品茗论道
落雪的早晨，时时到来

## 我依旧怀揣悲伤

绿风下，我依旧怀揣悲伤
夕阳西下了，余晖打在泛黑的波浪上
四周的圆石头，开始降温

梦里的莲花开落，已成往事
此刻，时光像一个蹒跚者
慢慢远去
当你静下心来，暮色就染上了柳枝
你不得不返回

有时，面对着河山，呜咽成歌
有时，对着一切敏感的话题
就会触及我柔软的心坎
有时那些放弃，或许真的明智
而明智后的忧虑，恰似我看花的无奈

天空的云朵，在经历了严冬后
开始怀抱起来，而那份明净与古老
需要待着，随着月份推算
翘首希望的钟鼓，似乎要比往年来得更慢
怀揣就怀揣吧，最好怀揣一轮明月

# 桃花劫

梦里的那抹红艳业已飞上枝梢
仰望天空的云朵，三月的风刚吹来
碎石子点在河岸的长堤上，草色青青
你躲过，或落在你清亮的眸子里
落在你春雨杏花江南的故乡
忽转头一想，灾难犹如薄霜

# 在一盏茶里

在一盏茶里，寻觅你的影子
每日每夜，都是清醒的
两岸灯火熄灭了又被时光点燃
而我，坐在最明亮而洁净的茶水里
那一缕一缕的雾气，是我均匀的呼吸
茶叶的浮沉显而易见，在我窄窄的视线里
水落下溅起珍珠的白沫

在无际的蓝天下
鸿雁飞过，影子悄然留在杯底
不停地冲淡，水又被柔嫩的手指填满
盈盈的水哦，在小小的灵魂里游弋
一小口，一小口，抿干

十里天空下，雪原寂然
白色的雾气缠绕于发丝之间
起于香浓，又归于平淡
起身，云卷云舒，已是自然
静坐，花落花开，总是归途

# 阁楼上的女人

阁楼上的女人
坐在椅子上
手捧着开满莲花的书
在一个美丽的黄昏
纤指柔嫩
亲吻每一页雪白的书
秀发缠绕着墨香

阁楼上的女子，少言且美丽
洁净的脸庞，飘满银色的月光
在某个夜晚，娴熟地绘画
而又轻轻地歌唱，双眸里
流露着淡淡的悲伤

阁楼上的女子，善于幻想
有朝一日，她的白马王子
牵着她的小手，含情脉脉
像罗密欧与朱丽叶那样
愿意走进彼此的世界
为彼此种下一棵美丽的相思树
开满了金黄色的花朵

有时，她会静静地幻想
天空白云远游，她那铺满书桌的红笺
待着一只可爱的青鸟

# 在梦的国度

花叶舒展，鸟鸣依旧
南山的松驮着夕阳坠在山谷
伊人不来，三月的桃花泛滥成灾
每一朵都像你
若在，幽静的梦中含情盛开
我等待着，犹如戈多一样荒诞

从白天至黑夜，太阳离去，月光朗照
而那望眼欲穿，终究抵不过你来
哎，梦一样遥远
不会再想了，请闭上那含情的眸子
忧伤般眺望，山峦及神秘的大海
乱石间寂寞的小草，以及她们柔嫩的倩影
可是，这一切，终究衔不住风里的一粒尘，或一粒沙
最后，你固守着自己心灵的土地

别忘了，那些足迹，像苍蝇一样
沾染着梦里最可爱的故乡
而那些远去的记忆，再也回不到从前

# 往　事

酒瓶口挂着些蛛网，灰尘裹满瓶子的全身
微风里，我无意间看到

在时间的这岸，守着自己
偶尔也会追忆过去
沉湎昨天的风景
庭院的花落了又开
门前的梨树逐渐老去
虬枝干枯，生长不出一个梨子
连同我去年的期盼也化为泡影

好吧，守住我的秘密
若花不开，蜜蜂不来
我就守口如瓶

## 夏天是怎样来到的

从天际传来温柔的鸟鸣
一轮艳阳高悬于云空
蝉反复弹唱着绿色的歌曲

夏天来了——
清风扶着花柳
腰姿媚艳
树梢上的青果
才卸下灰尘的外套
娇颜上泛着绿色的光芒

在梦里，莲池开花
一朵接着一朵
菡萏姐姐的花裙子
浮满潋滟的波光
荷叶田田，好似一片相思的云

# 在北国的天空下

立夏已久，内心的烦躁犹如翻腾的巨浪
追浪花的人，一生注定是悲伤的
在北国的天空下，星斗微明，晚风荡漾
劳顿的身体抵不住一缕清风的吹拂

我沿着黑压压的道路，从九点行到十点
足足一个小时，在这短短的而又乏味的行程里
我顿悟不了什么
如同，我顿悟不了自己的人生一样
因为它是那般地神秘
在夜还未安静下来，我的心
怀着不安的睡梦。一日了，多想沉睡于
一杯清茶里。无论昼夜怎么交替
我都在明净中睡着。若青莲开败了
我就从黎明中苏醒，看着最美的霞光

# 在五月

在五月，我来到故乡的圣城
湿漉漉的街道，多像感伤者的眼泪
我想到五月的阳光下
庭院的牡丹花尚未开放
她正羞涩地打着骨朵儿
在清晨里，藏匿着暗红色的脸庞
我就陶醉在那一刻
二十几年了，我看着她成长
看着她枯萎又渐渐发芽
看着她迎着阳光笑
看着她支撑着硕大的花朵
……
在五月的某一日
我从清晨至黄昏
一直注视着她完美的形象
“国色天香压群芳”
我看着她盛开，也看着她凋落

## 允许你

允许你，整夜整夜看着火一般的星斗
在某个盛夏的夜晚，抒发情绪
或泪沾胭脂。梦里的含笑，笑弯了一轮月亮
允许你画眉：柳叶，或不知名的形状
在齐刘海下，隐隐约约
你点着眉黛：羞涩里连着诱惑
诱惑里藏着羞涩。晚风里的紫丁香
摇曳着柔美的舞姿。点画及曲线宛若
飞天的袖间散落的花朵
允许你点着丹唇：七分红艳
比丹叶更红，比夕阳更迷人
允许你在我的天地自由地来去
采撷最娇艳的花朵，捕捉最顽皮的蛐蛐
食最甜美的山果
哦，这些多么地醉人

## 东风里，早开的一朵小花

柔情似水的眼眸
瞬间里发现了我
在互不言语的表情里
热量爬满我的全身
我温婉的歌谣
也难成一首若玉泉潺流的宋词
带有对摩登的渴望，不
我还是喜欢做寒鸦
道尽人间的酸楚及疼痛
把我的羽毛嫁给黑夜
而东风吹着一朵泛黄的小花
顷刻触动我的神经，这何其妙哉
她就是春天的象征
至少她羞涩地开在
临近三月的东风里
没有伤感，没有欢喜
而这，不就是点燃希望的灯盏吗

# 狼毒花

硕花像撑开的花伞
迎着风雨。暗夜里
根系努力地汲取着水分
为的是将你妩媚的脸庞
展示于世人看吗
这娇媚的小美人
围着绿裙子，正在春风里跳舞
你含毒的体香
弥漫于无垠的草地
我若一个打马而过的过客
内心盛满别离的心绪
曾任性地折断你的小辫子
认真地扎着花篮和花环
你啊，做着那待嫁的新娘
狼毒花，圆圆的花朵
红色里跳跃着白色的火芯
以持久而诱人的毒性
赢得了众人的好感

# 揶　揄

众人朝我，那目光中的火焰
一颗露水里，藏着利刃
在大路上，嬉笑
朝我揶揄的笑声里
一对白头鸟已近暮年
呆滞的表情，勾不起我的回忆
揶揄？哦，这可怕的词语
明珠里的沙尘
抑或蒙在太阳脸上的云彩

# 大　地

我匍匐于你巨大的手掌上
像嵌在大海深处的一张白帆
众人写着颂赞你的歌曲
而我，却沉默不语
大地，当我的耳朵贴近你
顷刻，急促的心跳
仿佛足以让我顿悟什么
生命的鹰在高山之巅俯瞰你时
你的血液流动得很快
你的额头上种植着诸多的花木
在发丝上缠绕着日月星辰交织的光辉
大地，人类的最后屋所
生命最理想的家园

# 慢下来，你会看到不一样的风景

阳光细碎得像打碎的玻璃一样
我牢牢注视着一日的阳光
在无际的大地上，慢慢运动

一月的蓝天
挂满破碎的云朵
一些山，高昂着头颅
仰望，那一片蓝色的海洋

如果慢下来，在陋室里
咀嚼着时光的口香糖
在沾满灰尘的一角
你会情不自禁地想起一些花
或一些因花而带出的故事
让自己的眼睛湿润
而那些花，就连同一些小浪漫
统统被别人知晓
脸上的桃花也按捺不住
内心的亢奋

慢下来，世界就静了
心也开始静下来了

于是，在这个小小的球体上
不叹息地活着
不虚荣地活着

# 在雪花中漫步

也许爱上了这些洁白的使者
我这小小的内心激动竟然无一语
面对她们，犹如对着几万朵白莲盛开
时至十二月的上旬，在甘南的某个乡村
寒风刮过，刀子一样悬在心头
那些裹紧的棉大衣也休想阻挡这来自甘南的风

冷又怎么样呢？在无边的茫茫里
怀揣着一颗滚烫的心，漫步于十里柏油马路上
天暗下来了，可是，白昼却刚刚开始
陌生人，不要向我问路
朋友们，也莫要向我致电
一切的琐碎，都让时间的车轮碾碎吧
而我，就那样无所顾忌地走在
无尘埃的路上。两边的枯草在雪花的
拥抱里，偷窥这一场游戏
而我内心洁净犹如透明的玻璃

# 梨花，那芬芳

月影朦胧里，她们举起满树的白花
在无名的夜空里，仰望着魔鬼的眼睛
看吧，这眨着最为诱人的亮光
梨花撕烂了她最美丽的素裙
连同洁白的冠冕，被抛向那黑色的大地
呻吟的老根，缠着冷月之光
在无奈的风暴里
滂沱大雨践踏着朵朵花瓣
并流淌出白色的血
连那可怜的花影也被打得无处藏身
黑夜里跳舞的月亮
我们唤作是宇宙的心脏
一颗被古人冠以无限向往的星球
那刻，也唯有冷眼旁观
梨花，那芬芳
犹如不堪设想的佳肴
若咬破那些秘密
哦，你们都是罪人

# 杯　盏

这盈盈的令人心醉的琼浆
吞进肚中，烈火焚烧
半睁的双眼，敌不住这满杯的愁绪
也罢。允许我饮下这满世的忧虑
让我暂时忘记红尘的烦恼

在朦胧的梦境里，想象那些尘世的繁华
让我在瞬间，在无聊的生活里
回忆如烟花薄凉的快乐
仅在那刻，我要让自己热血沸腾

# 修改病句

这些如群蚁排衙的语句
牵动着我的神经
它们多像一群调皮的孩子
整天饮着和煦的春光
嘘，莫要惊动它们
瞧，它们只是站错了队形
我必须在这茫茫人海中
发现它们，并且记住它们拗口的名字
再一一区分开来
最后，我会让它们找对自己的屋子
这样，我的表述就流畅清晰了

# 画　图

柔软如春浆的四肢
在一阵风里
小蛮腰宛若中国画里的线条
赫然入目又充满着无限的诗意
瑟风里流淌下一股黑瀑布
泻向大地
不是宛在水中央的翩翩仙女
不是《玉树后庭花》词间的霓裳舞女
而是那如梦中飘来的
一阵幻想

忽一声鸟鸣
那对秀眉上挂起一弯新月
鼻翼上泛着白光
丹唇上贴着性感
风里夹有浓浓的香水味
仿佛晚风吹来缕缕玉兰花香
一个艳影飘过
无数双目光朝向一个方向
似乎有慕意，有爱恋

# 小旅馆

雪花还未消融，我就临近你
一个耸立在路旁的小旅馆

我这疲倦的心灵
已经经不起北风的折腾
于是，就在此下榻

没有忧伤，没有欣喜
只是在这儿小憩半日
灯光像银子，爬满窗口
漂白了四壁

闭目，我开始想到满山遍野的野花
青青的草，花朵一样飘动的牛羊
在山麓处，一泓清流缓缓流过
像一支悠扬的短笛

## 渐近年关

渐近年关，我的心就会忐忑不安
今年的小目标，都胎死腹中
不忍直视。像一场无奈的睡梦

渐近年关，春风就近了
蜜蜂喧嚷的花瓣，蝴蝶起舞的露水
绿藤上一片霞光，水波上一轮圆月
……

渐近年关，我必须向领导汇报自己的工作
向父母汇报自己的爱情，向深夜汇报自己的寂寞
……

这些，像一个魔咒
紧紧地拴着我，充满着无名的希望

# 那年，那月

偶尔回首，时记起田园风光多么旖旎
葳蕤的草，微风不燥，从山冈吹来
麦子挤出露水，晨阳里一株嫩柳
悠闲地散步在空旷的田野里

多足的蜈蚣，醉酒的蚂蚱
此刻也开始引吭高歌，只有心灵明净的人
能听见它们究竟唱着什么

或许，那是一首缠绵的情歌
或者是一种呼唤，比远方更远

爱着这些天籁，在小小的国度
静下心来，体味着生活的真谛

站在高高的城墙上，风再次吹来
那时怀想：我前世今生的爱人
正穿着长裙，像麋鹿一样，活蹦乱跳地
活跃在乡间缀满花草的小径之上

那种感觉，云一般轻
又像澄明的天空

一只鸟，休憩于高高的树枝上
看着天空的明月，此刻一若炉火一样温暖

那年，那月，那些美妙的事
犹如花影一样，轻轻地漂浮在我小小的心波上
明净而温暖

## 这一天

风柔了些、天蓝了些、心情好了些
那远方的伊人啊，清晰了些
这一天
感觉幸福快乐了些

# 高高的屋子

偶尔经过，抬头
目光如炬般穿过夜色
那间屋子啊
没有灯光，挑在黑色的幕布上

回忆起曾经，那种心酸油然而生
暂且忘记吧
像忘记一片雪花一样
融入泥土
散有清芬

# 必　然

远山比远山更远
比远山更远的是人的欲望
而比欲望更远的是死亡的坟墓

这一天必然来临
像涣散了的晚霞

而更遥远的
也定然来临

## 在灯下

在灯下，安静地坐着
斑驳之影，恰若灵魂再现
谁惴栗于此，又乐于如此

没有喧嚣，欣然地在每一片花瓣上都打上清水
滴滴答答，恰若花开花落的声音
——多么美妙的天籁

时间静下来了，我的牵挂是一片兰舟
风推着她，向着更远更苍茫的大地飘去

烟波浩渺里，有谁久久地站在彼岸
听着我五音不全的踏歌

灯熄了，那灵魂的触角立即消失
若一场荒诞之梦
只见一地汗水的凄凉

## 天上飘着些微雨

我们一起，走过一盏盏昏暗的灯光
灯光的眼睛呢，像极了疲倦的心灵
我们的马匹，已经经历了风尘
也就淡定了好多。我欣然地看着这些
譬如，人的爱与恨，得与失
而这些小烦恼，像随风癫狂的杨花
落入河谷，化为香尘

今夜，飘起了微雨，那样的微雨
从心尖一直滑到心底，无声的
跫音万点，却未听到一点儿喧嚣
爱着这个夜，就顿悟了一生的价值

我们像萤火虫，在微雨里慢慢走过
今夜，允许山色为我青
河水浣洗我的耳朵
让晚风吹来，带给我一夜的好梦

让莺歌附着软语，花香绕着树梢
而最令人心动的是
黑夜里的两棵树——彼此有着最忠诚的倾诉

# 等　待

如果再过一些年
我就可以等待
我的女人，从暮色里归来
满载着疲倦，向我投来最纯洁的微笑

晚风鼓荡，薄衣飘飘
等待灯光熄灭
晨光熹微，从那劳作的土地上升起的一缕希望
等待，桃花雨落，涩果生出

等待，那瘦影蹒跚
瘦了月，获得最美的相思

等待，风雨渐小，山水迭出
你是一幅最华丽的画
——风光旖旎

# 天亮了

在甘南，即使春天
——天亮了，也会稍微感到一点儿凉薄
我习惯了这样的生活：起床—上班—下班

每一日，黎明的曙光把我从梦里唤醒
每一日，我从暮色里归来
但每一日，都是幸福的，至少我还活着

每一日，喜欢听叽叽喳喳的鸟鸣
似乎这些天籁，能够涤荡一个俗子的心灵
爱上一座山，就把她放在心里
爱上一湾水，就把她搁在梦中
……

天亮了，从黑夜走向黎明的曙光
拖着我，踽踽独行
在带有花香的小径上，一样的是不灭的幸福
因为——友情、爱情、亲情还在

# 疑　问

若是我疑问那些必然知道的事物
譬如花开花落的时节
那些鸟儿一定会责备我
“啰嗦的事情，说了好多遍了……请你闭嘴……”
可是，我愿意说出来那些疑问
犹如在土层里抽芽的小草
在偌大的春天里，只是发出一声轻微的叹息

时光像西风一样走过，我们五彩梦上的
颜色逐渐滑落——可是我依然要疑问
后面的时光，是不是来得更快些

三十年后，没有什么可疑问的了
那些斑驳的旧木屋
被晚风吹得歪歪斜斜——
像我年老的双亲
在瑟风里垂钓一轮明月

没有可疑问的了——我只关心那些土地
是否容得下一方浅浅的坟墓
那个地方，布满荒草，十分幽静

## 画出我忐忑不安的心

春风为笔啊，画出碧水流瀑
画出白云万里，画出青山万卷
画出你来去的倩影及风骚的体态

嗨，那么请把我忐忑不安的心也画出来吧
画出我的窘迫，画出我一生的悲哀
及薄薄的希冀，朦胧的奢望

我要蘸着西边的露水
写下我最挚爱的云朵
我要等待你稚嫩的话
编制最美的童话

哦，把自己看作别人
也把别人看作自己
花开来时路，几瓣野桃花
羞涩开放，有你，也有我

## 隐藏多少刀剑，才能苟活于人间

从一片叶到某个人
甚至小小的微尘，也逃不掉世俗的眼睛
在珍贵的每一日里
隐藏多少刀剑
才能苟活于人间

我们为着适应环境
在不同的温度下不停地变化着自己
任凭时光打磨，这一把钝剑

当时间隐隐爬上鬓发
当岁月的跫音踏遍额头
我们才发现，以前生活在一面镜子里
但是，镜子也经不起时光的打磨了

蓦然发现自己还生长着一对翅膀时
天空黑了，在刺骨的风里
我们只能卸下最后的疲倦，安静地审视着自己
那卷经文，半掩着时光的沧桑

# 我希望这样生活

我琢磨着人生这汪大海
远离空空荡荡的山峦
只能仰望
自此，我喜欢上了这个美丽而神秘的国度

从书中偷窥到半轮月亮
在金风玉露间，觅得一粒星斗
在一缕炊烟里，造得一间茅庐
明月为我酿酒，清泉为我和鸣
……

最好，让月光为我温一壶老酒
斜躺着，看尽春风十里桃花红
然后，我醉了
醉在一片羽毛上
若浮尘一般轻，池塘里莲花一样清净

# 一路走来

三十多年了，桃花谢了，梨花白了
那些暖景宛若一场华丽的梦
从我的眼眸里流出又流进
我是挽在指尖的那颗珍珠吗
折射出她们美丽的光彩

一路走来，多少个春秋
宛若指间的沙，被风吹散了

夕阳里，我不断回首
可是，那个渡口再也无法回去

桃花开一次，我两鬓的梨花就开始蠕动
风掠过，我像一张残破的弓
佝偻成一座雕塑，时间的尘
渐渐布满了我的额头与发丝

来了，必然要走
走了，未必一定会来
——这就是人生

# 在草地上

绿草如茵，可我没有看见老牛
在夏夜晚风里，我只看到一对又一对的情侣
他们不停地飘过我的视线
直到消失在丛林深处

草地——
说起这个名词，我会想起莫奈、马奈
想起文森特·凡·高，甚至想起草地上牧羊的卓玛姑娘

在夜色里，风像一个花少
掠过每一寸草地
挤出来的草香啊，醉了我的灵魂

# 深夜归来

街衢的灯光暗下去了
在偌大的世界上
一个穷酸的书生
径直走过长长的马路上
孑影茕茕，不忍直视

风像刀子刮到脸上
像极了被人无辜地毒打
想想今世，我碗口大的内心就挂满了冰箭
绣满无名的疼痛与隐隐忧伤

今夜，注定是个不眠的夜晚
但我内心逐渐狂喜起来
在那遥远的地方
我的爱人正做着甜甜的美梦

如果可以，就让莺歌附着软语
美酒配着佳肴
如果可以就让青山伴着绿水，白云恋爱着绿杨

# 起风了

起风了，在小小的镇上
若梦一样短暂

经历了世间的冷暖
习惯了，像一根水草
习惯了游来游去的鱼
没有惊讶，没有亢奋
只觉得起风了

## 黎明的曙光

在失眠之后，久久等待黎明的曙光
那种无聊，像极了两个孩子的哭闹

黎明的曙光，我钟爱着这个句子
温暖的、明净的、火红的
以至让人顶礼膜拜，又值得期盼

风从黑色的土地上起来
阳光也从遥远的地方赶来
风尘仆仆，我爱着她们

在一个缄默的蓓蕾里
永远匿着一树花
芬芳馥郁
在远景里，在心底，总浮起
像久违的乡愁，来了又去了
感觉依旧，且爱着她们

## 一些人

一些人，不是君子，也不是小人
他们是名副其实的假小人

半边脸晒在阳光下微笑
半边脸匿在黑夜里游荡
春光一样的是真善美
暴风一样的是假恶丑

爱着一些人，犹如诅咒着自己的过去
爱着一些人，犹如爱着自己的将来

## 在有星星的夜晚

夜空渺渺，众星灿烂
而你是最亮的那颗
镶嵌在你的眼里，你眼里有清流
花朵一样美丽的是你的小情人

明亮得宛若我多年擦拭的茶几
与迎着春风欢笑的窗扉
哦，在眼里是多情的少年

在短暂的对视中，我们认识了彼此
在那夜，在暖风里，一样的是最美妙的旋律

## 无处安放的乡愁

风一吹，心就冷了
再厚的衣服，也裹不住一颗思乡的心
那披着锦缎的流水、调皮的炊烟
洁净的雪粒、芬芳馥郁的杏花梨花
……

而这些，未必在梦中遇见——
像你在异乡有过一段刻骨铭心的艳遇

乡愁的味道是苦涩的，像回首年少时的酸楚
一样的是烈酒大醉后的苦闷

风吹不尽，车载不走
它就住在一个名叫“心”的房子里
十年、二十年，甚至一生都难以忘怀
像极了一次尊严扫地的辱骂
深深地印在脑海里，自人生的此岸至彼岸

# 遗忘，或生活的补丁

山一重，水一重
这云层里的琼玉，湿了想象
一片羽毛再也撑不起一缕阳光

在小小的甘南，一个小小的地方
你不发声，我觅不到你
就像我在冬天里觅不到桃花一样

那么，在乏味的每个日日夜夜里
请允许我遗忘那些生活的阴影
以及那些平添在我眉间的小忧郁、小忧伤

让我一一缝补那些踌躇的山头
和那像梦一样缥缈的未知人儿
或许，再也不必为谁而哀叹了

## 这一刻

那些黑色的翅膀不顾一切地扑下来
宛若一场噩梦，击打着我忐忑不安的心灵

好吧，容许你这样肆意地来去
一若那广阔无垠的湖面
掠过一只诱人的黑天鹅
当飞过湖面的那刻
不经意间长鸣了一声
那黑色的小点越来越小
最后消失在我浅浅的视线之中

这一刻，所有的希冀像打湿的信纸
任凭阳光怎么亲吻，褶皱的花裙子
再也无法亮丽如新了

这一刻，所有的希望像打碎的玻璃瓶
那些粘在瓶口的记忆
开始消失，像我没来过这里一样
甚至没有被看见一样可怕

## 我们翻过一座又一座山

时间的浪潮无休止地打过来
我们多像一根可怜的蓬草
被风吹着，翻过一座又一座的山

十岁时，我们痴痴地怀想
在二十岁的那头
三十岁的那头
……
究竟藏着什么

当我们被时间的风狂吹着
走进一个又一个神秘的地方
苍老的枯手，再也捧不起一片羽毛
我们在叹息中度过一个又一个黄昏

## 某个中午

阳光像盛开的花朵
芬芳而美丽
某个中午，慵懒地躺着
像一只吃饱了的猫
眯着眼睛，享受一日的阳光

清茶在桌子上冒着热气
像极了蓝天上奔跑的云彩
就这么斜躺着
幸福而自由地躺着

我们需要顿悟着什么
而又顿悟不了什么
毫无目的地躺着
这就是生活给予我们的权利

# 从黄昏出发

人到六十岁后，喜欢过平淡的生活
犹如一只北归之雁，经历了冰雹击打的疼痛
就开始变得淡定了许多

他们从黄昏出发，又在黎明前休息
习惯了独自一人，承受着巨大孤独
和来自心底无名的寂寞

喜欢在暗夜里书写一朵丁香的情怀
和那古老无尽的回忆
有时，他们乐于如此

那些浪花一排排拍打过来
溅湿了他们单薄的衣衫
他们开始随着黄昏远去
长长的影子上写满了疼痛与心酸
遥望处，茫茫一片

他们从黄昏奔向黑夜，又从黑夜赶往黎明
又被黎明吞噬，最后他们匿在深深的土地里面
快乐地细数着儿孙的脚印

多少年后，谁又记得那么多的荒冢
掩埋着谁的祖先，奇怪的是
他们谁也不肯发声

## 独　步

黎明尚未到来，我就醒了
（“清醒如败叶落余的枯树，似梁燕飞去的空巢”）
空空的街道，没有一个人影
我独步于此，这内心的空虚与寂寥齐涌而来

四面的山，黑压压地耸立在我的眼前
朦胧之中，若野兽窥探着旷野

劲风吹来，干枯的树叶
哗啦啦地奏着名曲，又似乎在召唤着什么

我独步于这长长的街道
宛若我舔舐着自己的伤口
自我疗伤

# 一个黄昏之后

西山如虎踞，那虎的伤口还未愈合
吐出的血，升腾起化作晚霞
这也是一种风景，一种享受

有人投去赞许的目光
有人却说，“早霞灿烂”

当黑夜来临，魔鬼的爪子伸过来
我们再也无法看见晚霞了
偌大的天空，没有一颗星星
像被谁拉上了黑色的幕布一般
又像泼了一地的墨水

此刻，心灯渐渐黑了
梦也黑了，一切都黑了

此刻，一只蝙蝠悠然地游荡于屋檐之上
她的眼睛里开始充满着光明、快乐
一只狗，卧在门前，乱叫着
他一定是看见什么美丽的风景了

欣然地摇着尾巴，拉着铁绳来来去去
时而仰望星空
（并没有星空）

## 折柳曲

满堤新柳依依，已是去年
暖风过处，总有清芬
我已不是那个风度翩翩的白衣男子
送别时再也无须折柳相送了

月影清清，梦里浮着一段无名的相思
氤氲似的，朦胧里一束光，一束光
划过来，风一样轻

古桥上的跫音，似乎被风沙抹走了
踏歌相送已成为传说

## 风景退潮

从鸟鸣声里醒来，再目送落日离去
或许一天就这样草草地画上了句号

清凉的泉水，高高的云彩，凄艳的叶影儿
……
都浮在脑海里，伴随着喜怒哀愁
一日的光景宣布结束
一如退潮

何时来，又何时去
如同一个谜，让人绞尽脑汁

## 雨　夜

十万支箭
齐刷刷地射向我——
乱箭穿心
过后
我的血液漫过无尽的黑夜

# 一个王朝

独坐云端的人
鸟瞰着自己的世界
这时，群蚁排衙的稿纸上
刀光剑影
马匹上的将军
再也回不来了

笔下蝴蝶有着魅影
连风也禁不住了
他们被赋予更多的价值
发掘着更辉煌的未来

晨光里，一只鸟
有着一只鸟的世界
人呢，熙熙攘攘
为着一个个可怕的阴谋

坐下来，你的江山里
明月清风，就是一盏茶的乾坤
其他呢，无所谓了

## 绿色的手掌

风吹过山冈，村庄睡了
炊烟淹没在黑夜里
街衢的行人少了，深巷中的狗吠
像一片蛙声，鼓噪起来
我的心也随之跳动着

田野里，半空里
绿色被溅了墨一样
白昼啊，我那绿色的手掌呢
被黑色的巨口吞噬掉了吗

心像含着黄连
苦涩成丁香般的忧愁
像无边的阴云
笼罩四野
我小小的天空之城

绿色的手掌，正撑破着晚霞
走向丰满的黎明之光

我去过，也拜过那些陌生的祖先
在野草间，显得那般沉默与寂静
我想，我的祖先们生前一定不善言辞

## 绿瀑布下的微笑

黑夜撤走黑纱帐，在凌晨的绿叶上
行走露珠，昆虫的细小足迹漫完一千朵
花蕾。我仿佛就置于此景，抛出杂念
裸露心怀，洗耳恭听蚂蚁掉落草地的声音
天籁盈耳，在无边地蔓延，走过这里
进入一个鼎盛的王朝，你会吃惊他们的存在

不必多想，扯住思绪的根系，在红色的
暖阳烘烤下，我看见无边的绿叶流淌在
我遍体的血管里，这些花仙子一般轻巧的叶子
挽着风的袖袂，点亮一切希望
绿被赋予了特定的意义，因此
我们遵循先哲们愿望，正在以光速滑翔于这
绿瀑布脚趾下，呼吸那些淡香

如若你们的倩影，正点燃这巨大绿瀑布的
热情，你像一朵莲花开在水的中央
含着令无数墨客倾倒的体香，如果
你含羞着盛开，那些蜂蝶会翩然而至么
她们仰视在一个世纪的巅峦，倾慕
一朵红莲的容颜。你微笑在
一片绿色的拥护里，那些过客放下琐事

打扫内心，会度过一个盛夏么

如果可以，就让时间的刻刀刻下你的名字
你那风骚曼妙的影子，印着美的象征
如果可以，就让我每日每夜轻轻
呼唤你的名字，直至海枯石烂

绿瀑布，一个形容词加名字的组合
足以掀起万丈狂澜，而那些喧嚣的影子
吸取着骨肉，压缩一整个生机蓬勃发展的空间
反抗。大地之肺的吃力的呼吸
一个爱美的新娘，突然看见，这些
绿叶似的瀑布，在消亡

如果可以，我们必须放下虚荣
站在自然脚下，来重新审视自己
路又怎样开始，这令人纠结的话题
究竟向谁说呢？这撕心裂肺的痛楚，这无边的忧虑

# 杏花春雨

杏花爬上枝头展示她们的明艳
一如美人的腮，泛起了朵朵的桃花
在四月的起点，蜜蜂的细足尚未漫过
那朵朵的芬芳，我已临近她们的身畔
在一帘春雨里，我幽会过她们
幽会过比梦更香甜的渴望
杏花村，杏花酒，杏花雨……
在那些古老的诗意里她们生根发芽
促使我举杯畅饮。杏花江南我不曾去过
唯在北国的一方，这些粉泪涟涟的杏花
定瞀一方美妙的世界，那里栽种着
希望的蝴蝶与幸福的叫喧
在春雨里，让我写些爱的欢歌
与晴空月影下的柳竹
让我捧着那些丝丝银线
在清凉下遥看杏花一株

# 上午的阳光

我珍爱着一切事物所带给我的欢乐
包括早上那些灿烂的阳光
她们在早霞里飞来，衔有银子的光辉
与一些珍贵稀奇的物什。她们给我心灵
这扇窗安上玻璃镜，因此，那些小忧郁
小悲伤都化为乌有，而我就那样
傻傻地度过每一个阳光灿烂的上午
我可以在一片叶子上寻找到那些小生命
看她们如何享受阳光，及觅食的神情
可以想象，在万顷花丛里
品茗谈人生的那种惬意

春风里，桃花开了；她们透着媚艳
在一个上午，可以思考到一些有关她们
的故事，朵朵是跳跃的音符
阳光笼罩着这些艳丽的花朵
你可以倒在一叶花上，或
醉在一卷花蕊间抒写幽情
一个上午，阳光明媚的上午
那些离梦很近的芬芳，且在一个
有春风轻拂的上午，我走过现实
到理想国的艳景里去

# 这样活着是幸福的

从枯草间踩过，那一定是阳光的足迹
轻柔而温暖；每一滴露水，都是每个人黑夜里无名而疼
　痛的泪水
凝结在一起，渐渐地渗透在大地上，又从大地上升起

——这样够了。北风里，从白昼走到黑夜
健康而快乐，每一日，享受着充足的阳光与睡眠

如果闲了，就写写诗歌、喝喝茶
也有些许的应酬，但我是快乐的

一生一世，对理想坚定
因为，半生劳顿，容不得左顾右盼了

如果有花开的地方
你就会碰到一个温婉若三月的女子
你就会走到雪山的尽头
——那里，水草丰美，莺歌燕舞

# 第四辑

## 虚幻之尘

总有那么不经意间
低首、回眸
几十年，也忘却不了那份乡愁

# 风景这边独好

## 1. 大美池沟

那些依依之柳，多么像一个妙龄少女
她们在路旁，静静伫立，翘首以盼
而我们却姗姗来迟了——

走进池沟，金色的阳光泼满巷道
此刻，我心底清风徐来——
这“江淮遗风”的格调
似乎牵引着我，与她进行热烈拥抱

多少年来，我们寻觅着故土
翻阅那些泛黄的纸张
以及祖先们种在白纸上那些饱满麦粒

在池沟，墙面雕刻的百花、精美的水彩画
正怒放着一种幸福，而我呢
是从南路而来的过客，满载无名的乡愁
嗅着池沟的芬芳，醉卧于此

## 2. 葸家庄

当我认识你时，葸家庄
黛瓦白墙的皮肤，洁净的巷道
正以美丽的姿态迎接我们的到来

青草挤出草香，百花开出吉祥
这定然是一个令人愉快的村庄

守着这里，干净的跫音
像不倦的鼓点，奏响乡村振兴的号角
那么，请允许我，涂画出你的风姿绰约
你圣洁而美丽的眼睛
和一只悠然散步的麻雀

## 3. 天池冶海

不知听了多少美丽的传说
而今天，我以诗人的名义
向你走来

爱着你深不可测的眼睛，爱着你身旁的经幡
风一动，就是一次虔诚的祈祷

多少次，于梦中醒来，在一张相片上注视你
俊美的面庞，甜美的微笑
此刻，两岸青山不改，千里白云无声

冶海，冶海，神从此处饮过马
人在此处吟过诗，念过经

在滚圆的石头上，水花溅起，多少记忆
在亭台楼榭上，刻下我夜夜的相思

水中升起谁的影子？让我如痴如醉
陈思王梦中初遇洛神吗
那么就让水草作答，山花做媒吧

## 4. 庙花山

车到庙花山，我就想起满目百花争艳的土地
以及那张“八角花谷，十里画廊”的旅游名片

我们款步而行，玩赏时光里的八角镇
那刚抽土的花苗，欣然地沐浴着细碎而美丽的阳光

或许，有人与你萍水相逢
但那些令人心动的时刻
必然要来临——生命何其酷似

## 5. 牙扎村

那些人从高山下来，就看见了不一样的月亮
他们把疲倦的身影留给了高山

在新的家园里，他们沐浴着党的光辉
在新时代里，稳步前进

当夕阳西下，那些鳞萃栉比的房屋
披着白云，静静地耸立着
仿佛要聆听冶木河的一管笛音
才肯酣眠而去

那些五彩缤纷的鲜花，若坠落红尘的仙霞
而比鲜花更灿烂的，是当地群众最憨厚的微笑

# 小憩八角

那些隐隐的花瓣
在微雨里，似乎停止了呼吸
绿意葱茏的小镇，坐拥着几千万花朵
若皇帝后宫三千佳丽——
妖媚而楚楚动人
游客驻足听着，风翻过山冈，发出呼呼的抽打声——
宛若前世情人幽怨的呼唤

小溪呜咽，风一吹
岸上就多了一层绿色的浪花
汹涌澎湃，如一场惊人的梦魇

# 庙　沟

似乎离梦近了些儿
就显得何其神奇
若一粒微雨点儿
不经意地点开了沉默的蓓蕾
点开了小溪水的欢歌
爱上一处有趣的风景
像爱上一座城那么痴狂
风掠过，道路两旁的绿树红花
颔首致意。农耕时代的场景
在华灯璀璨中，望见了旖旎的田园风光

一面旗，一座农家乐
一副对联、一泓碧流
一瓶好酒，一道佳肴

你来，惠风和畅，皆是一次邂逅
你去，山间明月，执手相看泪眼

# 故乡（之一）

故乡的清晨是寂静的
冬日里，枝头泛着黑色的光
微微的，恰若一首朦胧的诗歌

山峦为晴雪所洗，仙肌胜雪
别有一番情调
密密的松柏在青石的衬托下
连着白云似乎多了一份乡愁

## 故乡（之二）

深夜的芦笛已经暗下去了
声音在绿藤间缠着，慢慢钻进
那些黑色的浪花里，直到什么也听不见了
熟悉的炊烟，淡淡地随着夜色逐渐加深
最终消失得无影无踪

故乡依旧伫立在心口上
绿色的柳枝随风起舞

故乡是一杯苦茶，明知苦涩
我却要心甘情愿地饮下那份乡愁

## 三角城

三角城，屹立于高山之上
城内种植着庄稼
长势喜人，颗粒饱满

城下是村庄与洮河
在城的微下方，缀满了红桦树
像待检阅的士兵，威武雄壮

多少年过去了，风雨侵蚀着这古老的城堡
一个不被世人记起的荒城
在天地之间
就那样静静地睡了百年千年
甚至地方志也没有记载得那样详明

我不知道这高高的土墙
为战争而建？还是为了其他

现在城下，绝望与无奈
流淌在血液之中
夕阳西下，唯有离开这被时间遗弃的荒城
转头间，城头荒草萋萋，似乎在讲述着
古城的兴亡

# 常旗，常旗

当我写下“常旗”这个词语时
我会记起那些随河流流逝的往事
它们尘封在岁月的魔盒里
我只能像观看水莲花那样
站在时间的这头，在内心里
唯有可望而不可即的酸楚

常旗，是我的故乡，它伴随着我生
亦将伴随着死。这些莫名的忧伤
就统统交给这个小村庄承载吧

这里，印有祖先们的足迹
他们在此处生儿育女，辛勤耕作
当我来此，他们大多都迁徙到
另一个故乡了。而一个家族
就这样一代一代延续下来，姓氏
也未曾多一笔，也未曾少一笔
完整地存在着

# 来生，愿做洮水里的一尾鱼

来生，愿做洮水里的一尾鱼
贴着光滑的青石，看两岸的豆麦随风起舞
这疯长的水草啊，遮掩着我黑色的脊梁

听说，河神就驻留于此
晚夜月明时分，把最后的一片月色
衔去酝酿隔夜的粮食

当大风来临，水浪层层地涌动
我就附在巨大的石块之下
等待温暖的阳光穿过水面
当两岸野花遍地，芬芳处，会有跫音万点
每一日，我就匿在水波之下
想着青山绿水，从上游流淌下来的蚯蚓
我愿，吃个尽光——实在舒服

来生，我愿，做一尾快乐的鱼
无忧无虑地漫游在洮水的清波里
让阳光照着我，让雨水淋着我
嗨，这是多么幸福

## 梦归田园

也许我醉了——
梨花白得像雪，杏花红得像霞
早起的跫音轻轻，一串鸟鸣就落在我的心尖上
这定然是诗意的田园

清明刚过，麦苗破土的声音
我昨夜似乎听见。东风掠过
一只蠕动的小蚂蚁，微微地摊开洞穴
看了一眼新的世界，激动地在草叶上荡秋千
这时，一切都显得那么美好而灵动

爱着这些干净的景色
爱着这静谧的一天

一生，不长
一生，不短
尽量让风柔一点儿

# 今夜，我在洮滨的某个村庄

夜色像害了疟疾，我躲在夜色里
十指紧握着时间的风
高高的白杨，在浓浓的夜色里
显出几分恬静，那是某个人死去的新娘

今夜，我在洮滨的某个村庄
我把所有的花唤作我前世的情人
把树唤作绿色的瀑布
把恨交给善良的心去感化
把月光交给月光去温暖

今夜，在大西北的某个村庄
麦子一夜变黄，纤细的麦秆
已经支撑不起熟透的麦粒，他们发出
清脆的声音，在大西北贫瘠的土地上

今夜，我在洮滨的某个村庄
斜卧在床榻上，静听水滴落的声音
宛若血管里的血液在缓缓地流动

今夜啊，我不听亘古的风

不为温润的花床，只为某个心动的时刻
与一张半启的嘴唇，一个猜不出的谜
或许是一个甜蜜而漫长的等待

# 父亲，父亲

时间像极了洪水
淹没了你年轻的影子
夜夜的灯光，漂白了你的双鬓
佝偻的身躯啊，再也驮不起一剂月光

我看着三十个春秋随风而逝
绿了枝，红了叶
头顶的乌鸦，在霜雪里
也相继飞去，空留满头的霜花啊
任时间的浪，一片又一片地打湿
这是怎样一个撕心裂肺的疼

父亲老了，老得有点老眼昏花
他细数着自己度过去的时光
一年，两年……最后数到五十六年
不说话了，他宁愿把内心多年的苦楚
装进他碗口大的心里

此刻，什么也不重要了
他度过了自己最好的年华
而把自己最好的韶华
留在了为命奔波的路途之上

# 我的父亲母亲

我的父亲母亲，均已年过半百
头顶耸立着两座雪峰，白若盐粒
那佝偻多病的身躯
似乎已支不起一根羽毛的重量

他们走在时间的浪花里，高一脚，低一脚
彼此搀扶着，不知走过了多少春夏秋冬

有时，他们也会坐在凉薄的月光下
呼吸着芬芳的晚风，听着洮水的歌谣
此刻，他们也会卸下一天的疲倦
静静地对坐，偶尔也会寒暄几句
岁月啊，拉不断彼此的微笑

我的父亲母亲
半生秉承着善良、宽容、正直的品格
在暴风骤雨里，怀揣着一片最幸福的阳光
温暖着我小小的世界

# 碧水东流去

碧水东流去——我说的是一幅画
颜色尚未调好，狼毫亦未磨尖
这竟是大脑的构思之作，故不易发现

老大哥在椅子上磨蹭了半晌
竟然下不了笔，任时光流窜
这宛如黑色的闪电，无法掌控
颜料凝成土疙瘩，形体僵化
——这是事实。一把胡须，被时间的光芒
蒸干了水分，骨瘦如柴，斜插在
纸篓里，酝酿着新意与期待着灵感

碧水东流，被时光压制着，直至榨干了
水分，这何其悲哉！但是我要说：老哥
笔法娴熟，只是多了几点程序，碧水东流
就历历在目了，——这不是梦境

# 走过那些河流

记忆的花朵开放，在白昼，在晚夜
无论何时，我总铭记一些河流
譬如母亲黄河夹泥沙缓流的姿态
譬如洮水明净而古老的血液
譬如那可以谈不上河流的冶木河水
——正抱着一支柳笛，那般清脆悦耳
……

那些河流，那些如大地血管的静动脉
它们的名字一个个地烙在我的心底
鸟叼不走，时间也挥之不去
河流，河流
我只愿休憩在你的身畔
数浪花，观鸟飞到你的中央去
那里，水草丰美
那里，有灵魂的深度

## 雪落了一地

渐近年关，心情便烦躁起来
街道上落了一层雪，像当年读书
回家时，打在地上的那些月光
凄凉而寒冷

多年了，我依然会寻觅到那种感觉
像一道深深的伤痕，历经数载春秋
桃花开了，菊花谢了，也不会被时间之舟
运走

那些顽疾，像极了父亲半夜的咳嗽
绵绵而悠长。高一声，低一声

雪落一地，我会想到月光
想到鲜血，甚至想到死亡

再没有什么可以说的了
没有些许的欣喜，只有一张摘不断的藤条
牢牢地捆绑着我
想着一切可怕的，令人毛骨悚然的事儿

# 第五辑

## 虚幻之语

有时孤独
便多了些许的自言自语
每一次，都是自我疗伤

# 一片叶的心思

我就横躺着，在平整的水泥院落里
在密密匝匝的叶子下
枝丫间落下斑驳的影子
我与她们一样，我也是一片影子

呼吸着香甜的空气
看着高高的山峦，太阳
在梦里酝酿自己的情思
这何尝不是一种过瘾，一种享受

# 让我静静地对自己说

雨声清晰得像我多年前横卧田园的呼吸
一声接着一声。多么像忍受着疼痛的哭诉
也许，今夜，那些杨柳把头垂得更低，低得融进了泥土

我怕那声声敲打，像彻夜不睡的木鱼
响彻心扉，又催人泪下

风若猛禽，横冲直撞
我那田园中种的小红花呢
或许，早已一命呜呼
但又徒惹那无名的哀伤吗

风不停地招手，雨不停地拍打
也许，明天
那些小秘密一一抛出
让她们吹吹风，夜雨初霁
披一身彩霞

我们都是流浪人
我们都是尘世间匆匆的过客

让雨柔一点儿
我们啊，幸福地活在这珍贵的人间

## 有种心情，不是酸甜苦辣

哎，这种莫名的疼痛
像极了痉挛；此刻——
晚风刺骨，疾驰而过的车
溅起水花，我的心更冷了

书一卷卷，斜放在窗沿之上
熬白了头发；昨夜未发出的短信
正打着草稿，删除了又写上，写上了又删除
——哎，这莫名的无奈

酒精游荡在我的血骨里
血液里流淌着的酒精
还残留着余香
——哎，这多么让人惴栗不安啊

有时，愁伤是一朵花
开满我小小的领地
你不去采，她时刻爱着你的星空

## 睡　吧

睡吧，我们把自己的秘密存在心底
像尘封的一壶老酒，放置于岁月深处

晚夜风急，工地的机器声多么喧嚣
但我愿意更晚些，把我今生的思绪理清
像涤荡灰尘一样，今夜，必有好梦

睡吧，水凉了，可以加热
心凉了，心就死了

今生，有两种人——
一种可以用语言交流获得
一种唯有灵魂交流，才能获得

# 七点半，早安

春风像极了一位喜欢胭脂的少女
不过，她尚未出阁，待着一枝花
一片绿色的裙子，一江春水将她
慢慢点饰。我一想到这里
就左右不了情感：嗨，春天
嗨，七点半，早安

不必诗意化地想象
一座古老的宅院，几粒花蕾
几片青叶，几声鸟鸣
坐在岁月的彼岸，水流潺潺
把一夜的时光载走，而我们唯有
静静目送直至消失，不留半点痕迹
歌谣远了

嗨，七点半
我们都已醒来，却不想把自己出卖
七点半，我们或许重新死亡
又期待在死亡后发生变化

嗨，朋友，你那小江山可有佳丽三千
一日在幻想里结束。闭目
又是长月弯弯，挂于柳梢

# 对　饮

所有未见的人都来了
我要与你们一一对饮

酒是新酿的
撕开坛子
银碗里盛满琥珀光
不之乎者也
干脆就这么豪情万丈痛饮
没有钩心斗角
不必提防穿肠毒药
青苔米花开
一杯接着一杯

若醉了，就醉卧于凉云之上
醉卧于大漠深处，醉卧于诗卷
吟诗，袒露胸襟
把心交给彼此
一样的是一轮中天的红日

# 假如，今生我不曾遇见你

假如，今生我不曾遇见你
或许，湖畔的柳枝凝结着早秋的霜花
在氤氲的水汽里，彼岸的泥土里
也不会生出妖艳的小花
也许，生活中充满悲戚、绝望、仇恨……
她们像极了乌云，抑或升腾的雾尘
紧紧地贴在我灵魂的窗扉上
也许，清冽的泉水将不会淙淙地流淌
甚至，汪汪的芳草里没有游泳的鱼

假如，我不曾遇见你
今生，我也不愿去写诗
也不会留下些多情的字迹
也许就这样了
呆哑的光，含着最为低沉的音
梦境里多是黯淡的面容
把倩影，分解又继续分解在白纸上
那白纸上的月光，沉沉地打在心底
若汇集而成的泥水
灰暗又绝望

假如，今生不曾遇见你

也许梨花白了胜雪
只是，香径上，少了像我一样的赏花人
永夜，白昼，在无际的地方散开
可是，没有记录，没有足迹
像死亡一样
无声里含着最为忧郁的芬芳

# 老　酒

一弘清流明净而古老，似水非水
老李杜喝，小李杜喝，多么香甜
瓶子，一个客观存在的事物：装着一卷诗
一幅字画，一柄神剑
一口忧愁，一会儿欢喜
她在修炼中闭关，又在闭关中修炼

## 痴情鸟

若雨过天晴，你站在枝丫上
抖动羽毛；黑云尚未消尽

我就走近了你的笔端，让我这
锐利的双目，描画你风骚
匀称的轮廓——这岂止是
偶然；云月之下的寂静
与荒凉，近似死亡的孤寂
你觅食的尖嘴啄破山果
我靠近你羽毛的浮动

山风习习。那团闪动的烈焰
燃烧了我的内心，不
这玫瑰的温婉已使我激动不已

多少年的时光，使我远近走动
——为的是把我银白的趾爪
献给那朵玫瑰，以至于使她
不够如此寂寞。深秋轮回
燕雀南飞的冷羽扑着悲凉
心绪多么不平；当你展翅离去
我仍做一个多情的追逐者
化妆后，以你的名义滑向南方

# 这冷雨

听起这伤感的音乐
——这冷雨，犹如古战场般凄凉
黑夜，乌鸦的羽毛浮飘在
几朵残荷上——小故事正在这里上演
多少艳骨覆盖着陈旧的心事，那无须
遮掩的心声就敞在传统的四合院内
如热血沸腾

旧日的嫁娶，今宵的诀别；多少浮躁、冷漠、孤独
……
年代更替，又是谁沧桑了这古铜色的容颜
呵，就这么经不起时间的打磨；走一程风雨
把自己催熟，嫁给秋天的土地。把往日珍藏的
旧照，以及一望无垠的麦地，都摊在水里
——雨蒙蒙兮，泪潸潸。这冷雨，淌过北方的
沙石路，淌过江南水乡的青石板
把北方与南方连在一起，我唤作
——祖国的神经

一个游子的苦心事，就散落于这冷雨
途中；那些不如意的幻想，以及
别离的怨恨，时间允许在这冷雨里

尽情放肆。无所谓的路途，比希望来得
更加迟缓、更加没有力度。荒野茫茫
冷风刺骨，那些未知名的深谷，聚集了
毛骨悚然的笑声
路呵，荆棘重重

## 沈　园

——为陆游代笔

沈园
忘不掉这丝丝缠绵悱恻
别怪
我的痴情
踏断沈园的一方香草

我大喊一声，我来了！
多情的唐婉啊

我握住你纤细的手指
不忍离别
任泪涕划过我无边的脸颊

我朝向你红润的脸庞
抒写我的忧郁之歌

别了
我魂牵梦绕的沈园
我美丽多情的唐婉

# 五月，本该这样

刻意这样：排除内心积压的痛楚
用时光疗伤。新雨多惆怅，叶子悬挂
雨水，滋养苦涩的根

五月，我匍匐在
诗歌的中心，手舞足蹈
不要说，雨水蕴含不了阳光
不要说，彩虹不会凌空

踩着岁月，踩着流动的阳光，那一日
你哭也罢，笑也罢。可是，那岸
多么遥远啊，风吹不落一滴泪水
此刻，脚踏土地，心底的顾虑
一若大颗粒的沙子，钻不出幽暗的牢笼
任时光打磨我多触角的形体

五月，你需要准备考试的材料
一肚子的忧郁。没时间看窗外的风景，听树下的欢歌
你直来直往，铺垫着脚下的路
五月，抛弃与恋恋不舍，只有自己懂
这一帧五色的挂图，夕阳一样摇摇欲坠

# 难　得

难得阳光这样灿烂
难得星光这般斑斓
更是难得秋雨这样缠绵

让笑的笑出春天般的灿烂
让哭的哭出秋雨般的缠绵
我依然凭栏而望
诵读那些凄美的诗词
任起伏的思绪
跃动出诗意的旋律

难得有入睡的相思
载着熟睡的白莲
浮在碧水的流动中
悠悠回至梦中

难得青山依旧，岁月不老
难得碧水东流，刻画纵横山川
难得花落了又开，生命有轮回

# 我们彼此陌生地活着

无论是阔别，还是勾留
都那样习以为常
三百六十多个昼夜里
没有欣然，也没有悲伤

记得那年的北风呼啸，你从我的湖畔
翩然而过，或许，就注定了我为你倾注一生
而今，西风越烈，层林尽染
那些大大小小的果实，被大车渐渐运走
最后淡出视线
那些归来的路口
荆棘重重，我们彼此相望

# 假如我再年轻十岁

假如我再年轻十岁
我生长更俊秀
红花绿叶也为之动容

清冽甘甜的泉水我捧着饮
日月星辰向我招摇
娇嫩的身影在瑟风中跳
绚烂的晨光描画了我的面容
乌黑的发被雨水淋着
小脚丫踩在地上谱写着音符

我渴望青松驮着夕阳
我渴望莺歌附着软语

绚烂的晨光中
一叠叠脚印闪耀金光

## 十四行情诗

月夜里黑猫蹄音温软
你是西窗里端坐的女子吗
指尖上绣满时光的云纹
一对秋波恍若深潭

彼特拉克的灵魂里，一定会
守候着玫瑰及鸡尾酒
他的文字里，藏着最可怕的舌头

若闻到那古老的气息，你必深深醉倒
被柔软的手指抚遍全体
即使骨头，也定流失掉些许的钙质

在窥探里，冬夜里燃烧起一团
熊熊的火焰，一如野兽的呼叫
在天际的尽头
星斗写着火红的诗篇

# 深夜不孤单

夜色像乌鸦的翅膀徐徐展开
我的瘦影就跌落在一片灯光之上

屋内寂静而狼藉。昨夜的饭菜已失去呼吸
刚拖的地顷刻结了一层薄薄的凉意
几本书，诉说着家园的田野、庙宇
河流、石头、炊烟……

深夜不孤单。我像一个串门的小孩
从唐宋的诗词里捡到一粒珍珠
从明清小说里看到一场悲剧
最后我从现当代的诗歌里寻觅到一片阳光
这些，足够让我欣然、流泪、亢奋

深夜里，我与他们一一对语
又不忍辞别。时代的风仓促而有力
吹散了每一次相聚，又吹来了清晰的记忆

在文化河流里，我啜饮醴泉
在山巅之上，采撷带露的月亮
至梦想里，汇集成诗
——这就足够了

# 后　记

《虚尘》是我的第一部诗歌集子。听到能够出版，欢喜得不得了。取书名，像为自己的孩子取名一样痛苦。踟蹰再三，终于定了下来。书名之意，大抵是尘世中充满了虚幻：真真假假，假假真真，如梦似幻。丰子恺在《晨梦》中写道："即一面在热心地做梦中的事，一面又知道这是虚幻的梦。"想来，如此吧。

而立之年的我，虽断断续续习诗近十五年，依旧毫无成就，总感觉废话写了不少，佳句却难觅，甚是惭愧。

《毛诗大序》记载："诗者，志之所之也。在心为志，发言为诗。"南宋严羽《沧浪诗话》云："诗者，吟咏性情也。"这使我对诗歌写作肃然起敬。

我十五岁开始喜欢上诗歌，似乎这种体裁更能让我接受，那种语言的简练，正是我想要的。可是，校园里没有可以借阅的书籍，读一本诗集，显得那么离谱。只有在高年级书本的延伸阅读里，才能读到几首。虽然如此，但这些令人动情、令人感动的诗歌，深深激发了我写作诗歌的欲望，也是我皈依于诗歌的起点。

哪怕是几行短句，每日必工工整整地写在笔记本上，反复修改，几年下来，也写了不少。后来多有遗失，寻找了几次，总寻找不全，感觉损失了一笔财富，那种遗憾与无奈，只能自己体会。

上了高中后，阅读机会多了，但学习压力倍增。因此，读诗、写诗，一年下来少之又少。

这种生活一直延续到2009年，确切地来说是高中毕业。后来，上了大学，读了法学，便感觉与我起初的梦想背道而驰了。在大学里，我有时会废寝忘食读书，也会疯狂写诗。一晃四年，写了不少诗歌，也发表了一些。这些诗歌，是我成长中的一些小感受、小情绪，称之为笔记，再合适不过了。

最后，感谢中国作家协会的倾情帮扶、县文联敏奇才老师的无私帮助和诗人花盛的积极鼓励，才使这本集子得以出版。

丁海龙

2020年4月26日于临潭

**图书在版编目（CIP）数据**

虚尘 / 丁海龙著 .—北京：作家出版社，2020.11
ISBN 978-7-5212-1105-4

Ⅰ. ①虚…　Ⅱ. ①丁…　Ⅲ. ①诗集－中国－当代
Ⅳ. ① I227

中国版本图书馆 CIP 数据核字（2020）第 166523 号

**虚尘**

**作　　者：** 丁海龙
**责任编辑：** 李宏伟　秦　悦
**装帧设计：** 薛　怡
**出版发行：** 作家出版社有限公司
**社　　址：** 北京农展馆南里 10 号　　　**邮　　编：** 100125
**电话传真：** 86-10-65067186（发行中心及邮购部）
86-10-65004079（总编室）
**E-mail:zuojia @ zuojia.net.cn**
**http://www.zuojiachubanshe.com**
**印　　刷：** 天津中印联印务有限公司
**成品尺寸：** 152 × 230
**字　　数：** 124 千
**印　　张：** 12.5
**版　　次：** 2021 年 1 月第 1 版
**印　　次：** 2021 年 1 月第 1 次印刷
ISBN 978-7-5212-1105-4
**定　　价：** 50.00 元